顺势

"双创"环境与企业运营分析与指南

张翼 董磊 著

天津出版传媒集团

天津人民出版社

图书在版编目（CIP）数据

顺势："双创"环境与企业运营分析与指南 / 董磊，张翼著. —— 天津：天津人民出版社，2022.7
ISBN 978-7-201-18450-0

Ⅰ.①顺… Ⅱ.①董… ②张… Ⅲ.①企业管理－运营管理 Ⅳ.①F273

中国版本图书馆 CIP 数据核字(2022)第 085248 号

顺势："双创"环境与企业运营分析与指南

SHUNSHI: "SHUANGCHUANG" HUANJING YU
QIYE YUNYING FENXI YU ZHINAN

出　　版	天津人民出版社	
出 版 人	刘　庆	
地　　址	天津市和平区西康路 35 号康岳大厦	
邮政编码	300051	
电子信箱	reader@tjrmcbs.com	

责任编辑　苏　晨
装帧设计　姚立扬　汤　磊

印　　刷	天津新华印务有限公司	
经　　销	新华书店	
开　　本	880 毫米×1230 毫米　1/32	
印　　张	7.25	
字　　数	100 千字	
版次印次	2022 年 7 月第 1 版　　2022 年 7 月第 1 次印刷	
定　　价	48.00 元	

序　一

近几年我基本习惯了在朋友圈进行"点赞"，这实在是太容易了，但当我受邀为《顺势——"双创"环境与企业运营分析与指南》一书撰文并初读了部分内容时，感觉不应该只是顺手点个赞，因为对于亲历了部分关键进程的我来说，体会到了这本书所展示内容的"分量"。

营造良好的创新创业环境一直是各级政府竭尽全力去做的要事、大事，毋庸置疑，在各级政府坚持不懈的努力下，创新创业环境日益改善，但反过来看又总是不尽如人意。是我们的努力不够？还是有些问题再努力都难以解决？或许是新的问题总在不断涌现？

问题存在于主观、客观等方面。主观问题大家都懂的，发展问题通常大家也能理解，客观方面就众说纷纭了，而说到体制、机制、政策法规等方面因素的概率最高。复杂的问题在此不说，就政策法规方面来讲，为了促进企业发展、营造创新创业良好环境，中央和地方始终在与时俱进地努力着，但实事求是地说,再好的政策都不可能解决所有问题。比如,我所在的高新区在搭建创新创业平台方面的投入相当可观,主导或引导建设了一批孵化器或相关机构,但是在某些方面仍不能满足一些创业项目(特别是小微企业的项目)的需求,或者说效果并不理想。在这种情况下,该领域新生事物的出现就格外引人注目,而天津清联网络孵化器有限公司(简称清联)的诞生就形成了高新区独特的风景线。

清联最亮眼的地方就是集群注册平台,使小微企业基本上摆脱了注册地址的困扰,同时对入驻项目提供配套和延伸服务,在天津市率先挂起了集群注册的旗帜,这在全国也是屈指可数的。清联一挂牌启动就立刻吸引了各方面的关注。短短几年清联就取得了不俗的成绩,注册企业达到几千家,创造了可观的税收,还孵化出一大批国家级高新技术企业、天津"雏鹰"企业。清联提供的服务是全方位的,为企业解决了很多难题,同时也能营造良好的创业氛围,受到广泛好评,"清联模式"也在向周边辐射。当然他们也走过弯路,经历过磨难,最终健康成长起来了。

清联的创始人张翼的确与众不同,他具有敏锐的观察力和勇于开拓的精神,但令我印象深刻的还是他在开办清联的过程中不认输、不放弃的执着劲儿。我不得不为这位清联的创始人点赞!

参与这本书创作的专家学者在重重困难下仍能深入企业开展大量的实地调研工作,并进行了深入的分析,这必将促进"双创"实践和服务环境质量的提升。我虽然无权对这些文献进行评价，但不影响对他们的卓越工作进行点赞！

最后还要提一下，为了营造创新创业的良好环境，不仅是高新区管委会，各级市场监管部门和税务部门都做了大量的工作，努力践行"法不禁止即可为"，先后推出了"集中办公区""一址多照"等先行先试举措，特别是高新区的市场监管和税务工作人员，在集群注册模式的创立及入住项目的发展方面确实是担当作为的，也应该对他们进行点赞！

时任天津滨海高新技术产业开发区管理委员会副巡视员

王宗凯

2021年12月

序 二

　　天津是我国华北地区的经济重镇,有因商因工而兴的繁华历史。党的十八届三中全会提出,公有制经济和非公有制经济都是社会主义市场经济的重要组成部分,都是我国经济社会发展的重要基础;必须坚持和完善我国社会主义基本经济制度和分配制度,毫不动摇巩固和发展公有制经济,毫不动摇鼓励、支持、引导非公有制经济发展。

　　2018年11月,习近平总书记在民营企业座谈会上发表重要讲话并指出:"我国经济发展能够创造中国奇迹,民营经济功不可没。""非公有制经济在我国经济社会发展中的地位和作用没有变!我们毫不动摇鼓励、支持、引导非公有制经济发展的方针政策没有变!我们致力于为非公有制经济发展营造良好环境和提供更多机会的方针政策没有变!"座谈会上,习近平总书记明确提出,未来要抓好六个方面的政策举措落实,为民营经济营造更好发展环境,帮助民营经济解决发展中的困难,支持民营企业改革发展。

2019年，董磊老师带领学生对京津冀地区民营企业的经营情况开展了实地调研。调研过程中席卷全球的新冠肺炎疫情暴发，虽然对调研活动产生了诸多不利影响，但借此机会可以全面了解民营企业群体面对疫情冲击的反应，反而让调研工作变得更有意义。此次调研，天津清联网络孵化器有限公司的创始人张翼给予了莫大帮助。张翼与我是故交，他在天津电视台做《先行一步》节目制片人时经常邀请我作为节目嘉宾参与经济类话题的讨论。后来他辞去了天津电视台的工作，创业成立了天津清联网络孵化器有限公司。

调研期间，在与民营企业家、政府机构、中介组织的沟通中，不难发现，天津市委、市政府近年来在鼓励民营经济发展、打造生态宜居的营商环境方面做了诸多卓有成效的努力。但当前依然存在一些难题，困扰着民营企业的发展。

2020年底，董磊与张翼决定以专著的形式为此次调研画上句号。专著以调研报告和企业案例结合的形式，向读者们汇报了调研活动的主要成果。通过企业实际案例，读者们既可以了解到当下民营企业家们从无到有、从小到大的发展历程，也能感受到这个群体身上特殊的精神气质。通过调研报告，读者们可以了解到目前制约民营企业发展、营商环境进一步优化的因素，感受到地方政府发展经济的难点。

这本书凝结了董磊和张翼的辛勤劳动和巨大热情，相信能让更多的读者了解到民营企业的发展现状、企业家们的奋斗心路，给那些未来的创业者们提供经验支持，为营造更好的营商环境寻找路径，以更好地坚持和完善社会主义市场经济制度，为建设社会主义现代化强国作出贡献。

天津财经大学马克思主义学院

丛屹

2021 年 11 月 18 日

目　录

第一章 | 调研分析

地方政府改善营商环境中
存在的问题、原因及对策

　　近年来,天津市民营企业得到了长足的发展。根据《2019年天津市民营经济发展报告》,截至2019年,天津民营经济提供了80%以上的城镇就业岗位,吸纳了70%以上的农村转移劳动力。民营经济实现增长5089.36亿元,同比增长5.1%,占全市经济总量的36.1%。

　　在"京津冀协同发展"这一国家战略的背景下,天津市迎来了承接北京市转出企业的机遇。可是,在调研中笔者发现很多北京市转出企业并未将天津市作为首选城市,长三角、珠三角区域对企业的吸引力更大。一位多年从事招商工作的工作人员对笔者说:"据我自身接触到的案例来看,有意向从北京市转出的企业中,将天津市视为落地目标的比例只有20%~30%。"多位接受调研的民营企业家也表示,地方政府能否打造出适合企业生存与发展的营商环境,是他们选择事业发展城市的重要因素。

　　如何在北京市疏解非首都功能中抓住机遇,承接更多北京市转出企业来津"二次创业";如何在产业结构调整的转型期培育出符合天津区位优势的产业集群,为天津市经济可持续发展提供动力,这些问题将是"十四五"期间天津市需要面对的重要课题。毫无疑问,通过提升天津市的营商环境,为企业创造良好的创业和发展环境,将是天津市破解经济发展放缓难题的重要抓手。

学界对于地方政府在促进经济发展中所扮演的角色和作用的研究成果非常丰富,如周淑梅①从招商引资视角,董志强等②从制度软环境视角,武靖州③、张威④从营商环境视角,翁莉等⑤从政府孵化器视角都进行了深入的研究。但是,目前的研究成果大多研究政府的政策、行为对经济发展的影响,缺乏对政府内部部门的决策、公务员等行为主体的行为逻辑等的深入剖析。如果不能深入了解政府各级工作人员的行为逻辑,则无法找出导致地方营商环境不佳的根本原因,也无法提出具有可操作性的改进意见。

因此,笔者团队在2020年走访了大量政府工作人员、创业者和企业家,了解他们对于营商环境的看法及建议。通过调研,笔者发现了一些导致地方营商环境不佳的问题,并分析出这些问题

① 周淑梅:《地方政府在招商引资中的合理性与局限性分析》,《东北财经大学学报》,2010年第69期。
② 董志强、魏下海、汤灿晴:《制度软环境与经济发展——基于30个大城市营商环境的经验研究》,《管理世界》,2012年第4期。
③ 武靖州:《振兴东北应从优化营商环境做起》,《经济纵横》,2017年第1期。
④ 张威:《我国营商环境存在的问题及优化建议》,《理论学刊》,2017年第5期。
⑤ 翁莉、殷媛:《长三角地区科技企业孵化器运行效率分析——以上海、杭州和南京为例》,《科学与科学技术管理》,2016年第37期。

背后的主要原因。

一、地方营商环境中存在的问题及原因

1.政府过度参与市场运营,影响市场秩序

为了促进地方经济发展,一些地方政府主动调整自身定位,希望通过为企业提供更多服务来改善营商环境,打造出"服务型""亲民型"的政府形象。地方政府这样的初衷是好的,但是在执行过程中却因各种因素的制约而无法达到预期效果。

例如,为了响应2015年提出的"大众创业,万众创新"(双创)口号,一些地方政府开始为创业企业提供低价甚至免费的办公场所,并提供虚拟地址注册等服务。政府创办创业孵化器的目的在于希望通过降低创业成本减少创业者的顾虑,激发更多人的创业热情,刺激本地区就业,并为地区培养、聚集更多的纳税主体,增加地方政府未来财政收入。但是,部分政府孵化器却因为违反了经济规律,之后的发展并未顺着政府初衷演进。

当政府向创业企业提供低于市场价格甚至免费的办公场所后,如此稀缺的资源势必被市场所抢购。因为失去了价格分配的手段,市场便以排队、配额制、抽签甚至黑市等方法再次分配资源。一些幸运的企业获得了政府提供的资源,但是后期由于经营不善而倒闭。这类失败的创业企业将很多创业风险转嫁给了政

府和纳税人,这样的模式并不利于企业家从失败中总结教训。

还有一些企业甚至做起了"二房东",将从地方政府获得的办公场所转租给其他创业企业,收取房租差。地方政府为了防止这种行为的发生,需要定期对企业经营情况进行核实、督查。这种情况不仅浪费了地方政府的存量资源,还增加了政府工作人员的工作量,对政府资源产生了"双重浪费"。

并且,政府参与到经济运行的活动时,会遵循市场运行的"成本—收益"分析规律。因为地方政府向企业提供各类资源时会产生巨大的"机会成本"(该资源作为他用时可能产生的最高收益),所以各级部门既无动力也无能力向企业提供长期、低价、无条件的服务。若服务主体无法提供政府预期的税收、就业岗位等社会收益回报,地方政府便会终止服务。这种行为是政府配置自身资源的理性选择,也是国有资产使用效率最大化、维护全体人民利益的举动。但是,这种方式却向市场发出了政府"缺乏耐心"的信号,打击了创业者的热情,政府希望在企业家心中打造的"优质服务者"的形象随之受损。

由于区属孵化器平台存在服务不完善、效率低下的缺点,近年来很多地方政府都停止了创业孵化服务。从事集群注册平台业务的张翼说:"我们近年来陆续接到了一些区级商务和投资促进局(简称商促局)或招商局介绍的企业转移落户业务,其中便有因区属孵化器停止为企业提供免费注册或办公场地而转移到我们平台的企业。区属孵化器终止这类服务,既减轻了政府工作压力,又优化了自身资源的配置效率,还为我们这些市场化服务机构扩大了生存空间。我们可以通过提升服务质量,争取到更多企业并为企业提供持续、优质的服务。"

可见,当政府进入商业服务领域时,政府运行逻辑与商业运行逻辑之间的差异使政府很难扮演好优质服务商的角色,政府的好心之举可能成为破坏营商环境的原因。

2.绩效考核制度重流量、轻存量,降低工作人员服务意愿

为了吸引投资、促进地区经济发展、增加税源,各区政府都对招商工作极为重视,一些区以商促局为招商主体,一些地区以所属开发公司为招商主体。区级政府会根据以往的经验为这些招商引资部门(企业)制订出每年的工作目标。这些目标主要包括新增引进企业数量、新增注册资本额(实际投资额)、新增税收等新增流量指标,而已经进入该地区的存量企业数量则不在考核范围之内。

这样的绩效考核标准符合激励招商部门多吸引新企业的部门目标,有益于激发工作人员招商积极性。但是,企业经营是一个持续的过程,且企业会在经营过程中遭遇各种新困难,当企业入驻后,其后续诉求只能继续与招商工作人员沟通,并要求招商工作人员帮助与其他政府部门进行沟通、协调。因此,随着时间的推进,政府招商部门的工作目标与实际工作的内容便产生了偏离和矛盾。

招商工作人员需要花费大量时间、精力来应对存量企业的各类新需求，而这些工作却并不属于部门工作规划，且不被计入工作人员正常的工作量。一位区商促局工作人员在调研时反映："对于那些通过我的努力而引入园区的企业，我与企业家之间建立了极好的信任关系，并在企业入驻前通常会承诺为企业提供持续的服务。所以企业家遇到问题时，往往会第一时间与招商工作人员沟通，希望我们能够反映困难、协调与政府其他部门的关系，帮助解决新的问题。可是，我们的工作是不断吸引新企业入驻，维护企业并不在部门工作范围之内。帮助企业反映问题不仅占用了大量的精力，还可能与其他部门产生矛盾，我们是出于'情怀'来完成这些工作的。"

虽然招商部工作人员存在工作内容与绩效不匹配的情况，但是绝大多数工作人员出于对已入驻企业责任感和与企业主之间的个人情感，还是会努力为存量企业提供力所能及的服务。可是，一些优秀的招商工作人员会因工作成绩突出而晋升或调离原部门，离职的工作人员引进的企业便有可能无法获得原有的重视与服务。一位企业家向笔者反映："我们做出在天津投资的决策时，区商促局工作人员的个人能力和魅力是一个重要的考量因素。入驻天津后，这位工作人员也尽全力为企业处理各种困难，帮助我们顺利发展。但是，这位工作人员升职后调往其他区工

作,我们与其他工作人员之间沟通的效率大打折扣,经营遭遇新
问题时也无法获得曾经的重视和支持。"

在现行的激励政策下,招商部门与入驻企业之间形成了新的
默契。一些存量企业在开展新业务时,会主动通过注册新公司的
形式帮助政府工作人员增加绩效。一位企业家表示:"招商部门
在了解我们企业发展规划的基础上,会更倾向鼓励我们成立新公
司。我们在成本可控的前提下,也会成立新公司,配合、协助招商
部门完成他们的考核指标。这样我们可以与政府工作人员保持
更密切的联系,有助于营造更好的政商关系。"

从博弈的角度分析,招商前期政府工作人员为了吸引企业入
驻和自身绩效的完成,更重视企业提出的各种诉求,企业处于相
对"优势"的地位。企业入驻后,因收集、整理企业诉求的成本过
高,在缺乏绩效激励的情况下,可能头部纳税企业能够继续获得
政府工作人员的重视,绝大部分企业受关注度会降低。工作人员
态度的变化使企业主心理产生了落差,对政府打造营商环境的满
意度也随之降低。

3.政企之间、政府内部部门之间信息传递效率较低

各类民营企业缺乏与政府各部门之间的信息沟通渠道,企业
诉求在政府内部传递的周期较长。一些规模较大企业可以通过
与招商部沟通向政府反映企业诉求,但中小民营企业因为单体规

模小、数量多,基本无法获得"发声"的渠道。

　　一名商促局的工作人员在调研中表示,他带领的团队有6名公务员,这些公务员每周都会与各自负责的企业进行沟通,了解企业在实际经营中遭遇的问题。但是受制于人数、时间的限制,公务员多是优先保证与规模较大企业有效沟通,而较少兼顾更多中小企业主的诉求。这位商促局工作人员说:"区内企业对财政收入的贡献符合'二八原则',也就是说20%的头部企业贡献了80%的税收收入,所以我们在人力有限的情况下,会优先做好头部企业的服务工作。"

　　即便基层公务员通过努力了解到企业现实中存在的问题,在部门内部汇报的过程中依旧存在"信息损耗"。这位工作人员在调研时表示:他每周能与每位下属沟通的时间较为有限,下属在向其汇报时只能在有限的时间内汇报重要的信息。同样,该工作人员每周能够向区负责经济发展的上级领导汇报工作的时间也较为有限,其会再次对信息进行"取舍"和"汇总"后向上级报告。

　　为了解决信息传递的问题,一些区甚至组成了由区或街镇领导为"群主"的企业家微信群,企业家可以直接在微信群中反映企业诉求。可是,这样的努力同样受到区政府领导时间、精力有限的制约。

4.政策重"事前"监管，企业经营成本增加、效率降低

一些监管部门出于减轻自身管理压力的目的，会对企业实行"事前"干预。如税务局基于"自由裁量"权，为了避免出现违法虚开增值税发票的问题，不给新成立企业开具大额发票的资格，只提供小额（如单张1万元以内）的发票。某家从北京转移至天津的企业，成立后无法从税务局申请到大额发票。企业发票用尽后，需再到税务局申请，待税务局核验已开发票合法使用后，才可获得新发票。又如，贸易类企业需要向税务局提供完整的"合同流、货物流、资金流、信息流"（简称"四流"）证明材料后，才可获得发票。这些规定都是通过增加违法成本而制定的"事前"干预措施，而这些成本被所有企业共同承担。正常企业为了达到规定要求需要增加大量的运营成本，而对有"主观故意"违法企图的企业而言，对比违法带来的收益，"事前"监管带来的成本并不高，这些措施并不能更有效减少故意违法行为的发生。

又如，我国工业用地管理办法对工业厂房、科研办公用房的销售规定与社会发展需要存在一定差距。企业购买（租赁）工业用地（厂房）时，无法根据自身特点和需求获得工业房产，这会导致企业投资成本过高，限制了企业投资积极性。各地政府对工业房地产项目的严格限制源于对以工业房地产项目为借口进行商住房地产项目开发的担忧。但过度的"事前"管理也会使正规企业的投资受到制约。2018年后，天津市针对工业用地的管理推

出了一系列改革措施。2018年，天津市政府颁布了《天津市优化工业用地管理促进产业结构调整升级实施办法》，在工业用地长期租赁、租让结合等方面给予企业更多选择；2019年，天津市政府颁布了《天津市工业用地招标拍卖挂牌出让试行办法》，将仓储用地划归工业用地范畴，并给予区级政府更多的裁量权；2020年，天津市住建委发布了《市住房城乡建设委关于支持工业厂房销售推动高端产业集聚发展的通知》，允许工业厂房分割销售。这些改革措施的推出对盘活工业地产、刺激企业投资、拉动地方经济起到了一定的促进作用。

再如，一些地方人才引进政策选择以年龄、学历、技术证书等客观因素为标准。但是，民营企业雇用员工则以"效率"为第一原则，这势必产生企业诉求无法得到满足的情况。如某家在津企业为了帮助员工达到在津落户要求，为员工考取技术证书出资，每人成本达到2万元左右，而这些技术证书对于企业自身发展而言却并无作用。又如某家从北京转移到天津的高科技民营企业，其多位骨干员工因年龄和学历问题无法落户天津，存在极大的人才流失风险。该企业向所入驻园区管委会反映现实情况，由管委会协调并达成共识。对于该园区的入驻企业，政府给予人才落户更灵活的政策扶持，最终解决了企业的人才危机，并增加了企业对人才的吸引力。可见，以"公平"为根本的政府政策和以"效率"为根本的企业经营原则之间存在着不可避免的矛盾。

二、对策及建议

针对以上影响地方营商环境的问题，笔者提出三点建议：

1.鼓励各类"企业型"平台机构发展，建立企业服务企业的营商环境

政府为企业做"店小二"，打造良好营商环境的愿望很难由政府职能部门完成。这是由政府的组织结构、内部绩效评定和机构运行原则等多种原因共同造成的。在组织结构方面，服务企业的公务员数量无法与企业存量规模同比例变化，相对固化的组织结构和组织规模不能为大多数存量企业提供优质的服务。在绩效评定方面，服务数量、质量与公务员个人收入、晋升之间无法建立强连接。在现行的框架下，造成政府工作人员重流量、轻存量，重招商、轻服务的行为特征。

为了弥补政府服务企业过程中存在的问题，应更大力度鼓励企业型服务平台的发展，降低政府招商和服务企业的压力，形成企业服务企业的良性循环。如中关村科技城、启迪之星、清联孵化器平台等国有、民营平台型服务企业已经取得一定成效。

平台根据自身特点，主动吸引企业入驻平台，带来新增税源的同时打造多元化的企业孵化方式，能够提升城市整体营商环

境。在日常服务企业方面,企业型平台组织结构更加灵活,会根据服务企业数量的变化及时调整平台规模,以最经济、最高效的方法持续运行。针对入驻企业日常会遇到的工商注册变更、行业审批、税务开票、架构涉税分析、社保、资金跨境、外汇管理、通关等具体业务和政策解读、法律咨询等需求,平台通过专人服务指导的方式为企业提供咨询服务。这些服务不仅可以提高企业经营效率,还减少了企业向政府相关部门咨询的数量,分担了政府公务员工作的压力。企业型平台则通过股权变现、收取服务费、税收奖励等方式从市场、入驻企业和政府获得相应的收入,兑现平台收益,维持平台运营。因为企业型服务平台与入驻企业形成了利益共同体,其为相关企业服务的动力更强,服务质量也更优。

《中共中央关于制定国民经济和社会发展第十四个五年规划和二〇三五年远景目标的建议》中明确指出:"全面深化改革,构建高水平社会主义市场经济体制","加快转变政府职能……深化行业协会、商会和中介机构改革"。地方政府应将打造企业型服务平台作为深化改革的重要抓手,充分发挥各类平台的作用,以政府购买服务的方式,扶持优秀的企业型服务平台,将部分政府服务职能向市场转移。地方政府不仅要自己成为服务企业的"店小二",还要通过扶持各类服务平台,让更多市场化运营的"店小二"进入市场,针对不同企业群体提供特色化服务,打造出全国领先的营商环境,提升经济发展活力。

2. 增强服务平台、学界等外部资源作用，为政府科学决策提供信息支持

政府收集企业现实诉求的成本极高，而收集的信息也有可能不完整。基于不完整信息制定的各类政策则会出现"不接地气"的情况，政策执行过程中也会因与现实情况不符而遭遇来自政府内部或外部市场主体的不配合，使政府缺乏执行政策的"微观动力"。

企业的诉求因自身情况而异，政府了解企业诉求的成本高，因此，政府可与各类服务平台建立更通畅的信息沟通渠道。充分发挥各类行业协会、商会、中介机构、园区管委会等平台性组织、机构的作用，鼓励平台汇总企业诉求，在研究、发现各类诉求背后的规律问题后，与政府部门沟通并参与政策制定。政府部门在政策制定过程中应给予平台汇总诉求以更多的关注，为平台提供更多与政府职能部门对接和传递信息的机会，让企业的真实诉求可以传递到更多的部门。

同时，利用人大、政协、学界等外部资源，协助各级政府了解真实情况。地方政府未来应为以上外部资源营造更便利的调研环境，给予调研团队更多"社会资本"和资金资助。让调研工作可以持续接触到最基层的中小企业，寻找影响经济发展、制约企业成长的瓶颈，探索现象背后的深层规律，为政策的制定提供有力支持。

3.合理事前监管,加强事中、事后监管

过多的事前监管增加了企业创新和运营的成本,不利于释放民营经济活力。《中共中央关于制定国民经济和社会发展第十四个五年规划和二〇三五年远景目标的建议》中提出:"深化简政放权……持续优化市场化法治化国际化营商环境。"这要求地方政府各类监管部门应在未来研究更有利于市场发展的监管方式,寻找创新与稳定之间的均衡点。通过科技创新,利用大数据手段加强对企业运营过程的事中和事后监管,对违法犯罪的经营者实行精准打击。

如企业注册成立时必须拥有固定经营场所,且每个场所仅限一家企业经营,即公司成立需满足"一址一照"原则。这样规定的初衷是提高新公司成立的成本,减少虚开企业从事违法行为的数量。但这一规定对故意违法者而言,临时租用办公场所的成本却很低。2015年,国家取消了"一址一照"限制,允许"一址多照"和"集群注册",办公场所不再成为创业企业的必需条件,降低了创业成本,创业企业数量随之增加。虽然在放开集群注册后,国内出现了虚拟注册企业虚开增值税发票的违法案件,但随着工商注册时法人"人脸识别"技术的应用,利用他人身份证件开设企业的成本大幅度提高,虚拟注册企业虚开增值税发票的数量也随之大

幅度减少。可见,借助于技术进步手段,加强"事中""事后"违法处理是完全可行的。

三、展望

地区营商环境的改善是地方政府一项长期的工作,涉及政府内部、政企之间、企业之间多方面关系的梳理与协调。目前学界研究的焦点主要集中于政府政策对营商环境和企业的影响,而忽视了对政府内部工作人员行为逻辑的研究。《中共中央关于制定国民经济和社会发展第十四个五年规划和二〇三五年远景目标的建议》中提出:"加快转变政府职能,建设职责明确、依法行政的政府治理体系。深化简政放权、放管结合、优化服务改革,全面实行政府权责清单制度。"这些都是针对打造市场化、法治化、国际化营商环境所提出的重要改革方向。为了实现"十四五"规划中转变政府职能的目标,打造更适合经济发展的营商环境,未来需要进行更多的研究与分析,如分析政府各部门的运作逻辑,找到确实可行的改革策略;在政府简政放权的同时,发现可以承接政府原有职能的主体,进一步完善中国特色社会主义市场经济体系。

集群注册平台在中国特色社会主义
经济体系建设中的作用、问题及对策

　　我国商事登记制度改革于2014年全面展开,从"两证整合"到"三证合一"再到"多证合一",从"一址一照"到"一址多照"再到集群注册。自2015年广东省东莞市正式推出全国首张电子营业执照后,集群注册已经成为激发"双创"热情、降低创业成本的重要改革成果。

　　2016年之后,全国各地逐步放开了企业注册的限制,集群注册平台也如雨后春笋般在各地出现,越来越多企业通过在集群注册平台上虚拟注册获得了营业资格。可是,学界对于集群注册平台的研究却极为缺乏,仅有的几篇研究论文或聚焦于商事登记制度改革的变迁,或关注于集群注册对降低创业成本的作用,或罗列集群注册改革实践中存在的现实问题。这些研究缺乏对集群注册制度学理性的分析,没有解释集群注册制度可以发展的底层逻辑,更没有探讨集群注册平台在完善中国特色社会主义经济体系建设中起到的作用。

　　本章将通过分析集群注册平台的作用,探讨集群注册平台内含的经济学规律,最后讨论集群注册平台发展中存在的问题和解决方案。

一、集群注册平台促进了中国特色社会主义经济制度的
完善

实行以公有制为主体、多种所有制经济共同发展的基本经济制度，是中国特色社会主义制度的重要组成部分，是中国共产党确立的重要执政方针。党的十八大报告提出："毫不动摇鼓励、支持、引导非公有制经济发展，保证各种所有制经济依法平等使用生产要素、公平参与市场竞争、同等受到法律保护。"党的十八届三中全会提出："公有制经济和非公有制经济都是社会主义市场经济的重要组成部分，都是我国经济社会发展的重要基础。""公有制经济财产权不可侵犯，非公有制经济财产权同样不可侵犯。""坚持权利平等、机会平等、规则平等，废除对非公有制经济各种形式的不合理规定，消除各种隐性壁垒，制定非公有制企业进入特许经营领域具体办法。"党的十九届五中全会发布的《中共中央关于制定国民经济和社会发展第十四个五年规划和二〇三五年远景目标的建议》中提出："要激发各类市场主体活力，完善促进中小微企业和个体工商户发展的法律环境和政策体系；强化就业优先政策，完善促进创业带动就业、多渠道灵活就业的保障制度。"

集群注册平台的出现，为创业者提供了虚拟注册的可能，降低了开设企业的运营成本，增加了社会中创业者的数量，扩大了全社会的就业规模。让更多有才华的人才直接从事创新、创业的事业，既增加了社会中优质人力资本的流动规模，也改善了我国人力资本要素在不同部门之间的配置状态。集群注册平台还通过人才代办、专利咨询、科技成果转化等专业性服务，协助非公有制企业保护科技产权、实现科技创新的产品化，激发了非公有制经济的活力和创造力。

习近平总书记在2018年致全国个体劳动者第五次代表大会的贺信中指出："在党和国家鼓励、支持、引导方针政策指引下，个体私营经济在稳定增长、促进创新、增加就业、改善民生等方面发挥了重要作用。广大个体私营企业经营者要认真学习贯彻党的十九大精神，弘扬企业家精神，发挥企业家作用，坚守实体经济，落实高质量发展，在全面建成小康社会、全面建设社会主义现代化国家新征程中作出新的更大贡献。"在民营企业座谈会上，习近平总书记肯定了民营经济的重要地位和作用，指出民营经济成为创业就业的主要领域、技术创新的重要主体和国家税收的重要来源；分析了民营经济发展遇到的困难和问题，提出民营企业家遇到了市场的冰山、融资的高山、转型的火山；阐述了减轻企业税费负担、解决融资难融资贵、营造公平的竞争环境、完善政策执行方式、构建亲清新型政商关系、保护企业家人身和财产安全，从六个方面支持民营经济发展的政策措施。

现实中,小微型民营企业因为人员规模小,企业内分工不明确,缺少解读政府政策的专业人才。而且,受限于企业规模,小微民营企业享受政府扶持政策时往往出现可享优惠低而执行成本偏高的困境。如2020年复工复产期间政府推出的社保减免和返还政策,对员工人数较少的小微企业而言,企业主因申报手续烦琐,优惠力度小而缺乏申请办理的热情。而集群注册平台通过为广大小微企业集中提供政策补贴的申请和办理,减轻了企业申请的负担,增加了企业申请的热情,让更多小微企业享受到了政策扶持优惠。

可见,集群注册平台在运营中,既可以通过降低创业门槛、减少创业成本以增加创业企业数量,激发非公有制企业活力和创造力;又可以通过向小微民营企业提供专业的政策解读和服务,拓展企业了解中央、地方经济政策的渠道,成为连接政府与民营企业之间的桥梁。集群注册平台通过服务非公有制企业,为非公有制企业发展营造了更良性的生存环境。

二、集群注册平台运行符合市场经济发展的客观规律

在中国特色社会主义市场经济体制完善的过程中,任何新事物的出现和发展都必须符合市场运行的客观逻辑和规律。因此,

有必要探讨集群注册平台在促进经济发展中所扮演的角色和起到的作用,研究集群注册平台出现和发展背后的经济学逻辑。从集群注册平台快速发展的 5 年来看,其符合经济发展的客观规律。原因主要有三点:

1. 集群注册平台的出现,符合市场专业化分工的要求

市场经济健康、持续发展的原动力是全要素生产效率的提高,而使生产要素效率提高的动力之一则是社会分工的细化与协作的加强。通过分工的细化,不同的生产要素配置在其最擅长的领域,以最高的效率从事生产;通过协作的加强,专业化要素的生产成果以更低的成本在组织间实现交易,全社会的生产效率得以提高。

科斯在《企业的性质》一文中将企业内部组织交易成本与企业与外部组织交易成本的高低作为限制企业规模的原因。当组织向外部采购产品(服务)的成本低于其自己生产该产品(服务)的成本时,企业最优的决策应是进行外部采购。创业企业遇到的现实问题与科斯所分析的情况相同。创业者进入市场的根本动力在于其具有某种专业方面的特长,能够以更高的效率和更低的价格为市场提供产品(服务)。

作为初创企业,创业者在公司内部管理、运营方面并不擅长;又因为公司规模小,招聘专业人员管理企业收益低、成本高。这

时,创业企业最优的决策便是通过外部采购的方式,购买协助企业正常运营的各种服务,而将企业资源用于效率最高的专业生产领域,以增加企业收入、降低企业成本、提高企业收益。

集群注册平台的出现,为创业企业采购外部服务提供了更多的可能性。通过专业化的运作,集群注册平台可以为企业提供工商注册(托管、变更)、行业审批、财务管理、税务架构分析等多方面服务内容。创业企业可以根据自身情况,购买最适合自身经营状态的服务内容,合理控制企业规模,降低企业运营成本。创业企业运营成本的降低,可以帮助创业者有效控制创业风险,减少创业者的顾虑,提高创业成功率,增加创业企业数量。

通过提供企业注册、运营等专业服务,集群注册平台成为服务创业企业运营的专业化机构。通过专业分工的细化,创业企业得以用更低的成本采购维持企业运营的基础服务,提高企业自身资源配置的效率。可见,集群注册平台对提升社会全要素生产效率,改善生产要素的合理配置有着极为积极的作用,是降低社会生产总成本的重要载体。

2.集群注册平台是政府服务职能的有效补充

在中国特色社会主义经济体制中,相比西方国家政府,我国政府有着更多元化的任务,除了为社会提供必要的公共服务外,促进地方经济发展、刺激就业、服务企业、增加税收也是政府所需要完成的任务。在中国经济进入"新常态"的背景下,实现供给侧结构性改革、增强经济发展的弹性、韧性又成了政府的新任务。

虽然近年来各地方政府都加大了招商引资的力度,更主动地为企业提供各种服务,但是在自有资源限定的情况下,政府并不能为全部企业提供其所需要的优质服务。地方政府有限的资源大多用来服务对财政税收贡献最大的企业,这些企业大多是中央和地方的国有企业,或是具有一定生产规模的大型民营头部企业。服务好国有和大型民营企业,帮这些企业创造更好的营商环境,是地方政府资源配置最优化的合理选择,是政府合理使用公共资源的体现。

当政府将有限的行政资源用于服务纳税重点企业后,数量更多的小微企业势必无法获得来自政府充足的服务和支持,这也会使小微企业和创业企业营商环境更加严峻。如果让政府为小微企业提供与大型企业相同质量和数量的服务,政府规模必将指数级扩大,财政负担也将大幅增加。因此,社会中需要有专业服务小微企业和创业企业的机构出现,弥补政府服务小型企业的市场空白,而集群注册平台的出现恰恰是弥补这一市场空白的最有效机构。

集群注册平台基于市场运行规律为中小企业和创业企业提供服务,让数量庞大的中小企业以自身利益最大化为原则,自主、自愿地购买平台提供的各类服务。集群注册平台提供服务的质量是中小企业是否选择购买服务的唯一标准,只有能够提供符合市场需求、质量优异的服务平台,才能获得生存的空间。这样,在不占用公共资源的前提下,自然选择出优秀的集群注册平台,并最大限度改善中小企业的营商环境。既能避免中小企业陷入无人服务的困境,也避免政府资源被中小企业大量的个性化需求所占用,丧失集中力量办大事的能力。可见,用市场化运作的集群注册平台来补充政府对中小企业的服务短板,有助于政府工作效率和资源配置效率的提高,也有助于中小企业营商环境的改善。

3.集群注册平台运行对社会产生正外部性

集群注册平台向社会提供企业工商注册、托管、变更等基础服务内容,与大多数服务型企业主要服务个人用户不同,其服务的主体全部是市场中从事正常经营活动的企业法人。如前所述,地方政府受制于自有资源的限制,只能将注意力集中于纳税贡献多的大型企业之上。集群注册企业为了更好地生存和发展,有极强的动力去开拓新客户,鼓励更多人才走上创业的道路。一旦企业注册成立,便成了地方政府潜在的税源,未来将会对地方政府产生持续的纳税贡献。

所以,集群注册平台在实际运营中扮演了"民间招商引资平台"的角色。集群注册平台通过自身的努力,扩大了地方中小企业注册规模,其经营规模越大,服务企业数量越多,为地方政府吸纳和培养税源的能力就越强,对地方财政的贡献也就越多。

另外,通过提供行业审批、财务管理、税务架构分析、法律支持等拓展性专业化服务,集群注册平台帮助中小企业降低经营成本和风险,营造了更良好的营商环境。营商环境的改善必将刺激更多人才走上创业的道路,使全社会的资源配置效率得以提高,就业规模扩大。规模庞大的中小企业在吸收大量社会就业人员的同时,因具有经营灵活,善于应变的优势,成为中国应对内部和外部经济冲击的缓冲阀,提高了社会经济发展的稳定性和灵活性。

可见,集群注册平台在不使用政府资源的情况下,在增加地方政府财政收入、提高资源配置效率、增加就业、增强经济弹性等多方面都产生了"正向溢出"的效应,其经营对社会具有正外部性。

三、集群注册平台运行中存在的问题

集群注册平台的出现促进了中国特色社会主义经济体制的完善,其自身运行也符合经济发展的客观规律。集群注册平台可以提高社会资源使用效率、增强社会分工专业化、改进中小企业营商环境、增加地方政府税收、提高社会就业规模,其多方面作用对社会产生正外部性溢出。

但是,在集群注册平台5年多运营的实际过程中,也出现了一些问题。这些问题的出现对集群注册平台的健康发展产生了负面的影响。

1.集群注册平台经营不善,对社会产生较大负外部性影响

集群注册平台服务的对象是企业法人,其为企业提供的地址注册和托管业务的稳定性直接影响客户企业经营的状况。如果集群注册平台因经营不善而停止服务,将波及平台上注册企业,甚至直接影响客户企业的持续经营。正因为集群注册平台服务对象具有特殊性,作为深化改革的重要举措,2015年政府正式启动企业工商注册、登记制度改革项目。

在集群注册平台的实际运营中,也出现了一些因平台运营不利,对入驻企业产生负面影响,甚至造成区域营商环境恶化的事例。如某集群注册平台,利用平台在鼓励创业、增加税源等方面具有正外部性的特点,从地方政府申请到房屋租金补贴和纳税奖励等多种产业扶持优惠政策。平台运营后,以低价策略为创业企业提供虚拟注册和地址托管等业务。但是,在企业日后的经营中,并没有在提高服务质量和降低运营成本方面精进。由于集群注册平台无法为入驻企业提供满意的专业化服务,导致注册企业流失严重。

注册企业流失后,集群注册平台现金流减少,平台经营压力

增大。同时,注册企业数量减少又导致平台入驻企业纳税总体规模降低,政府财政税收随之减少。该集群注册平台从2016年开始运营了1年多,由于入驻企业为地方政府贡献税收规模过小,政府终止了向集群注册平台提供办公住房补贴的优惠政策。经营成本的提高使集群注册平台陷入经营困境,最终由于经营不善而停止经营。而在该平台注册的中小企业则成了直接的受害者。这些合法经营、合法纳税的企业只得被迫进行工商注册变更,一些企业因此需要进行为期6个月的财务审查,企业正常运营受到了极大的负面影响。

2.地方政府和监管机构对集群注册平台和虚拟注册企业缺乏足够的理解信任

随着集群注册平台运营后对地方税收产生了正面影响,一些地方政府已经认识到集群注册平台对地方经济和财政的积极作用。然而,地方政府对集群注册平台在汇集中小企业诉求和促进经济政策改革方面的贡献重视度不高。同时,受限于长久以来企业注册需要拥有物理办公空间的惯性思维,一些政府职能部门对虚拟注册企业缺乏足够的信任。

因为集群注册平台具有"招商引资"属性,所以地方政府中负责招商引资的投资促进局对集群注册平台较为重视,商促局工作人员与集群注册平台之间保持着顺畅的沟通。通过与商促局的沟通，集群注册平台可以及时了解地方政府对创业企业和中小民营企业的扶持政策，并依政府政策进行招商活动。但是，集群注册平台在服务入驻企业日常经营活动中发现的政策短板和职能部门规则漏洞等问题，则不能顺利反映给相关职能部门。集群注册平台缺乏与政府职能部门进行沟通的多元化渠道，其所汇总的中小企业诉求无法高效地向政府部门传递。集群注册平台只能通过与商促局沟通，由商促局代平台反映现实问题和中小企业诉求。这样的模式忽视了集群注册平台汇总中小企业诉求的功能，不利于政府制定出符合中小企业发展现状的产业政策。

3.政府相关机构缺乏对集群注册平台客观的评价体系

由于集群注册平台出现时间较短，目前政府并没有推出衡量集群注册平台运行状况的评价体系。集群注册平台在申报政府奖励时，多以众创空间平台身份参加评选，而众创空间评选标准并不完全适用于集群注册平台。

众创空间评价体系往往重视众创空间的场地面积、入驻创业团队数量、场地租金规模等指标，这些指标与集群注册平台通过提供虚拟注册地址，为企业创造灵活办公条件，降低运营成本的初衷相悖。而集群注册平台通过为企业提供优质服务，帮助企业扩大经营规模、增加地方税收收入的成果却没有成为评价指标。

因为缺乏客观的评价体系,优质集群注册平台促进经济发展和增加地方税收收入的作用并没有得到政府足够的支持与奖励。又因为地方政府对集群注册模式缺乏理解和信任,集群注册平台的利益也可能受损。如某区政府在引入一家集群注册平台时约定,若入驻平台的虚拟注册企业总纳税额达到一定规模,则依据纳税额总数给予平台一定数量的房租补贴作为奖励。但由于工作人员流动,后来的工作人员不认可将平台上注册企业纳税额汇总计算给予奖励的方法,导致集群注册平台无法获得政府奖励。最终,集群注册平台迁出该区,平台所属注册企业也全部转出,地方政府税源企业数量随之减少,形成地方政府、注册平台和创业企业"三输"的结局。

因地方政府没有建立起适用于评价集群注册平台对经济发展贡献的评价体系,集群注册平台在鼓励创业、促进就业、增加税收等方面的正向作用没有被客观反映。这既不利于集群注册模式未来的发展,也不利于激发地方民营经济的活力,更不利于增加社会就业规模、提高政府税收水平。

四、促进集群注册平台发展的建议

基于集群注册模式在完善中国特色社会主义经济体系中所扮演的积极作用和现实运行中存在的问题,在此对集群注册平台发展提出几点建议。

1.执行更积极的集群注册平台奖励与淘汰机制

作为服务企业的机构,集群注册平台对地方经济发展存在较强"外部效应"。能提供优质服务的集群注册平台可以改善地方营商环境,增强地方税收能力。相反,若集群注册平台无法提供稳定服务,则会恶化地方营商环境,对虚拟注册企业的经营造成不利影响。因此,对于经营具有明显外部性的集群注册平台,政府相关部门应通过奖惩机制支持优质平台发展,并积极淘汰劣质平台。

在尊重市场规律、鼓励市场竞争的原则下,可依据平台注册企业数、平台企业纳税总额、平台员工数量等指标,制定出"累进制"奖励政策。对企业注册数量更多、纳税总额和员工规模更大的集群注册平台,给予更高比例的奖励支持。对于在一定期间内注册企业数量、企业纳税总额增长缓慢的集群注册平台,应及时终止政策补贴和奖励。以市场自发评价为标准,政府奖励为引导,对优质集群注册平台为社会带来的正外部性进行补贴,同时制约和限制劣质集群注册平台的发展,减少因集群注册平台经营不善导致的负外部性影响。

对于在集群注册平台中以虚拟注册方式成立的企业,在工商变更方面应给予更灵活的政策空间。若出现集群注册平台因经营不善退出市场的情况,应在保障平台上虚拟注册企业正常经营的情况下,为虚拟注册企业执行"无障碍"跨平台转移服务。工商、税务、人社等相关职能部门应针对集群注册模式的特殊性,联合制定出具有操作性的虚拟注册企业工商变更方法,为虚拟注册企业跨平台转移提供更好的环境基础。通过执行"无障碍"跨平台转移服务,避免因集群注册平台自身经营不善而导致虚拟注册企业被迫进行工商变更的情况出现,将集群注册平台退出后对社会经济稳定所可能产生的负面影响降到最低。

2.让优质集群注册平台成为政府服务中小企业的载体

在政府深化简政放权、放管结合、优化服务改革的过程中,集群注册平台应逐步成为协助政府服务中小型企业的新载体。对在市场公平竞争中获得中小企业认可的集群注册平台,政府可依据平台服务企业数量、注册企业纳税规模、平台服务项目种类等指标,以政府采购服务的方式,给予平台相应的资金支持。

同时,地方政府也要防止出现集群注册平台利用政府奖励政策,骗取财政扶持的行为。应本着先服务后采购的原则,根据市场自身的运行规律,对确实为中小企业提供良好服务、为地方财政带来纳税收入的集群注册平台给予支持。改变政府招商中"重流量、轻存量"的绩效方式,兼顾集群注册平台在"新增流量"和"存量贡献"方面的共同努力。以平台年度新增注册企业数、实缴资本金、新增投资额等为标准,通过"新增流量"核算平台招商引资工作成果;以平台企业纳税规模、雇用员工数量、社保实缴金额等为标准,通过"存量贡献"核算平台为企业提供服务规模。根据集群注册平台在流量与存量方面对地方企业所做出的实际贡献,政府以购买服务方式对平台付费。

3.建立集群注册平台评价体系与信息沟通渠道

作为商事登记改革中出现的新生事物,集群注册平台既与传统的创业孵化平台、政府招商平台功能相似,也有其自身运营的商业逻辑。所以,政府针对创业孵化平台制定的评价体系并不充分适用于集群注册平台。集群注册平台协助地方政府扩大招商规模、增加税源企业、优化民营企业营商环境等的行为也没有成为政府评价集群注册平台绩效和贡献的指标。因此,应针对集群注册平台的特殊性,制定出能客观反映集群注册平台服务能力和社会贡献的评价体系,并以此体系为依据,对优秀平台给予奖励和扶持。

中共中央"十四五"规划中提出:"畅通参与政策制定的渠道,提高决策科学化、民主化、法治化水平。"各级政府应充分发挥集群注册平台收集和汇总中小企业诉求的作用,为其创造更便捷的信息传递渠道,让平台可以更高效地协助政府完成中小企业诉求的汇集、整理和传递工作。政府应把集群注册平台作为信息收集渠道,各职能部门应定期听取集群注册平台为中小企业服务时遇到的问题和困难,梳理发现制约地方经济活力的政策法规。

五、展望

集群注册平台近几年的发展已经展现出其在促进中小企业发展和完善政府职能等方面的积极作用。但作为社会经济发展中的新生事物,社会各界对集群注册平台的研究和关注还尚显不足,缺乏对集群注册平台系统化的研究。中国特色社会主义经济制度的完善需要国有企业与民营企业实现相互协调、共同发展。当中国经济发展进入新常态后,在经济结构调整、供给侧结构改革、经济"双循环"等目标的实现过程中,在国有企业保证国计民生的支柱行业安全发展的同时,民营企业将为消费者提供更多元化、个性化的产品和服务。

作为地方政府促进民营经济发展的重要抓手,集群注册平台在服务中小企业成长、改善营商环境等方面将发挥何种作用,是学界需要持续关注的重点。政府如何通过引导和规范,在发挥集群注册平台对社会正外部性的同时,减少负外部性发生的可能性,则将是政府未来需要关注的重要课题。

创业平台盈利模式的探索

1987年6月8日,在武汉丁字桥108号,一座破旧的四层闲置营房中,诞生了中国第一家企业孵化器——武汉东湖新技术创业者中心。当时的中国正处在经济体制改革的胶着期,武汉东湖新技术开发区规划办为了给予民营科技企业更好的扶持,在1987年2月向武汉市科委提交了《关于成立东湖新技术创业者中心的请示》。恰逢同年5月,美国知名孵化器专家鲁斯坦·拉卡卡来北京拜访了时任国务院委员和国家科委主任的宋健,并向其提出了在中国创立孵化器的建议。拉卡卡的建议得到了国家科委的重视,武汉东湖新技术创业者中心由此成立。1988年,随着国家"火炬计划"的实施,上海市科技创业中心成立,1989年北京市高技术创业服务中心成立。到1991年,全国20多个省市都成立了本地区首家创业孵化中心。

这些孵化器的成立助力了中国科技型民营企业的快速崛起。以武汉东湖新技术创业者中心为例,创业者中心成立后便为当时举步维艰的楚天激光公司提供了厂房和贷款支持。楚天激光董事长孙文接受记者采访时曾说过,他们没有进孵化器时,来自外界的干扰非常多,不知道什么时候会做错什么而被惩罚,能有

40%的精力放在企业的发展上就不错了。入驻创业中心后,就像有了一位家长,为他们设了一道保驾护航的屏障,让他们可以专心地做事情。①在东湖新技术创业者中心的孵化下,超过千家企业成功度过了孵化期,并有多家企业成为上市公司。

20世纪90年代,孵化器在扶持民营科技企业发展中扮演了重要的角色,但是随着时间的推移,这些由政府运营的孵化器存在的问题开始显现出来。第一,政府机构受人员编制和工资制度的限制,无法留住优秀的人才。东湖创业中心主任龚伟就直接指出因为无法为员工提供有吸引力的待遇,所以创业中心人才流失严重。第二,存在孵化器"机关化"现象。孵化器运营过程中由"政府引导"逐步走向"政府主导"甚至"政府领导"。孵化器最主要的服务创业企业功能逐步丧失,政府对企业的"施舍式"服务比例越来越大。中国人民大学社会发展与管理所1999年对北京、上海、重庆三地孵化器中100家在孵企业进行的问卷调查显示,在孵企业认为孵化器能够提供满意服务的比例仅为2%。企业经营自主性受到了影响。第三,孵化器占用大量公共资源。作为事业单位,孵化器依赖政府财政拨款,而在孵企业是否能存活和成长与孵化器获得资源的多少没有直接关系,这便引发孵化器服务质量较差的局面。大量公共资源投入到孵化器之中,但是这些资

---

① 周飞:《一条街的梦幻跨越——武汉东湖新技术创业中心创新发展纪实》,《中国高新区》,2014年第7期。

源却没有为社会带来足够的收益,这无疑是一种资源的浪费。

　　针对以上这些问题,在21世纪初各地政府便开始对国有孵化器进行改革,武汉东湖新技术创业中心在2001年成为全国首家对孵化器进行民营化改制的机构。伴随着国有孵化器的改制,一些民营企业也进入了孵化器市场,中国创业孵化器产业迎来了多元化发展时代。至2021年,中国创业孵化器市场主要有房东模式、股权投资模式和集群注册模式三种运营模式。不论哪一种运营模式,孵化器(特别是民营孵化器)能够维持盈利是其长期稳定经营的基础,而以上三种孵化器又因经营模式的不同,呈现出差异化的盈利方式。

一、房东模式孵化器

　　房东模式是创业孵化平台最先出现也是最为普遍的一种模式,为创业者提供办公的物理空间是这种模式最明显的特征,中国早期政府主办的创业孵化器都是以"房东"模式出现的。随着互联网科技的发展,房东模式又发展出创业咖啡、共享办公、联合办公等概念,但其为创业者提供物理空间的本质特征是不变的。如美国的WeWork、中国的优客工场、氪空间等,都是此类孵化器的典型代表。

　　房东模式孵化器通过向创业者提供舒适、灵活、低价的办公场地,来满足创业者对办公空间的灵活需求。对于创业者而言,他们希望通过最大程度降低办公成本,减少创业压力和风险,增加创业成功的可能性。因此,房东模式孵化器大多以极具"性价比"优势的房租(或工位租金)来吸引创业者入驻。这样的运营特点就使得此类孵化器必须拥有成本极低的办公场所,才能够维持企业运营和盈利。

所以,进入到房东模式孵化器市场的主体要么可以获得廉价政府办公场地资源或创业补助资金,要么通过租赁大量办公场地而获得租金议价权。第一类机构在中国比较常见,它们大多以极低的价格从政府手中获得公有办公场所后,再将场地以较低价格出租给创业者。这类孵化器在运营之初会因为低廉的租金而快速得到创业者的认可,但是随着经营的持续运行,其内在的矛盾会逐渐显现。作为房屋拥有者的政府,廉价出让房屋使用权的目的在于增加就业和培养税源企业,所以政府通常会以创业企业数量(或企业职工缴纳社保人数)、企业纳税总额等指标对创业孵化器进行评估,只有孵化器达到评估要求,才能持续获得政府资助。现实中,此类孵化器大多无法完成政府的考核,所以在享受几年的政府优惠后便失去了来自政府的补助,孵化器因运营成本大幅度提高而陷入经营困境甚至直接终止运营。近年来,以低价提供政府办公场地为经营主体的创业孵化器大多都退出了市场。

美国的WeWork和中国的优客工场则是以在市场中集中租

赁办公场地后再向创业者转租为主的创业孵化器。这些孵化器往往以联合办公、完善创业者社交圈等概念向市场融资，以获得租赁办公场地的资金。以美国的 WeWork 为例，2008 年后美国经济进入萧条期，国内办公楼整租的成本大幅度下降，WeWork 由此获得了低价租赁办公场地的机会。在获得了大量办公室后，WeWork 便向创业者提供价格低廉的共享办公空间，与租用独立办公空间相比，共享办公空间价格可节省30%~40%左右。同时，WeWork 还提出要打造租户社交网络的口号，为创业者提供社交服务。这样的概念得到了市场投资者的青睐，WeWork 由此获得了孙正义的投资。

可是，WeWork 的运营模式并不是互联网行业所推崇的平台型企业，其本质还是依靠"低价租入、高价租出"的管道型企业，也就是俗称的"二房东"型企业。在快速扩张的过程中，WeWork 的租金成本并未随规模下降，大量租赁的办公场地反而成为其沉重的负担，企业经营也因此陷入困境。至 2021 年，WeWork 依旧处于亏损经营的状态，企业盈利前景堪忧。

近年来，因为中国房地产行业热度下降，房屋（特别是商用住房）销售困难，国内一些房地产开放商模仿 WeWork 形式进入了孵化器市场，如万科推出的"牛小时"、金茂推出的"JSPACE"、恒基兆业推出的"BCos"等。至 2021 年，WeWork 中国、优客工场和地产企业创办的联合办公机构成为国内房东型孵化器的主要运营者。此类孵化器自身盈利能力弱,严重依赖融资注血的状况也没有得到根本的改变。

二、股权投资模式孵化器

这里所提到的股权投资式孵化器是既向创业企业进行股权投资,又为企业提供办公物理空间的孵化器。此类孵化器的特点是孵化器同时作为投资者,参与到创业企业的股权融资甚至经营活动之中。所以,股权投资模式孵化器相对于其他孵化器,更重视创业企业项目的质量,而对数量的要求很低。他们会寻找具有发展潜力的创业企业进行投资、孵化。

投资类孵化器最主要的特征是资本回收周期长,企业经营性现金流压力大,投资标的筛选难度高,孵化企业数量少。基于这样的特点,国内良性运行的机构较少,最具代表性的是启迪之星。启迪之星的前身是清华创业园,也是中国科技部火炬计划认定的首批国家级孵化器。成立之初,启迪之星走的也是以提供办公场所为主的房东模式。进入21世纪,启迪之星完成了由政府性孵化器向企业性孵化器的转型后,朝着市场化的投资型孵化器发展。利用清华梦想实验室种子基金、水木清华校友种子基金、启迪种子基金等资源,启迪之星在全国各地成立了众多孵化园,对创业企业进行投资和孵化。转型为投资型孵化器后,启迪之星的营业收入已经从过去以房租收入为主转变为以股权投资回报为主的模式。

为了最大限度地降低孵化器运营压力,启迪之星在各地成立分公司时,往往会与地方政府商谈,以获得地方政府的财政支持。地方政府为了吸引此类孵化器入驻,往往会以低价(甚至无偿)的方式向投资型孵化器提供办公场地,再由孵化器将场地提供给创业企业。这样的方式减轻了孵化器的运营压力,使孵化器可以将全部精力用于孵化企业的培育。

三、集群注册模式孵化器

集群注册模式孵化器在中国出现得最晚。2014年1月,东莞市清研联华集群注册托管有限公司成立,开始第一次在中国尝试集群注册服务。所谓集群注册服务,就是企业将注册地址和经营地址进行分离,集群注册平台企业为初创企业提供注册地址,初创企业可在家里、咖啡馆或网上经营。

2014年9月16日,国务院新闻办组织了新华社、《人民日报》、中央电视台等20多家中央媒体来到东莞市清研联华集群注册托管有限公司实地采访,了解集群注册模式运营发展的情况。2015年4月21日,国务院召开常务会议决定,放宽新注册企业场所登记限制,推动"一址多照"、集群注册等改革。2015年1月,天津清联网络孵化器有限公司成立,并获得天津滨海新区管委会授予的集群注册试点资格,意味着集群注册模式开始在中国北方萌芽。如同中国近代史从虎门开始,天津为重镇一样,100多年后,东莞和天津再一次尝试以一种全新的企业孵化模式打开孵化器企业生存发展之门。

集群注册模式是为了适应互联网信息时代众多的商业实体将经营场所由线下变成线上这一新形式而出现的。随着互联网经济和灵活就业形式在国内爆发式的发展,我国存在巨量生存于"灰色地带"的小微经济体。按照中国传统的企业管理模式,这些经济体不能完全满足政府对企业的要求,其也无法获得"合法身份"。而集群注册模式的出现,便将过去存在于市场中的"皮包公司"合法化,使其获得了政府认可的经营资格。

可以看出,集群注册模式在中国的出现是一种以市场自发意识为主导,政府顺应民意追加认可的改革创新。这一点与1978年安徽小岗村打破"大锅饭"制度,签订"秘密"分产到户协议后得到中央的认可有着异曲同工之处。1978年"小岗村事件"为中国农村经济改革打开了局面,而集群注册模式的实施则说明政府不再对民营企业实施"一刀切"式的管理,而是认可并接受了企业多元化的经营模式。见微知著,各级政府已经改变了原有的"父亲"角色,开始从管理者向服务者转型。

与"房东模式"和"股权投资模式"孵化器不同,集群注册模式孵化器是完全基于市场化思维模式的产物。一方面集群注册模式让大量市场中的"存量"小微经济浮出水面,另一方面通过降低创业成本,吸引大量"草根"创业者进入市场。集群注册模式孵化器的运营主要依赖入驻企业的数量,通过吸引大量企业入驻,孵化器收取集群注册费来覆盖运营成本。基于市场的特点,集群注册平台吸引企业需要通过优质服务,才能获得创业企业的信赖,进而增加客户数量。获得入驻企业后,集群注册平台通过对创业企业需求的深入了解,再为入驻企业提供不同阶段的创业服务,如代理记账、人事代理、企业招聘、知识产权、政策补贴、融资对接服务和税务筹划服务等。通过提供更多的增值服务,集群注册平台可进一步提高客户黏性,增加平台收益。

随着集群注册模式孵化器的发展,一些地方政府也注意到集群注册平台在服务创业企业时在提升地区营商环境、提高政企沟通效率方面取得了诸多成绩。优质集群注册平台扮演了民间"招商局"的角色,既增加了地方注册企业数量,又扩大了地方税收规模。因此,一些地方政府开始对有利税贡献的集群注册平台给予一定规模的"税收返还"奖励。从经济学的角度看,这是政府对集群注册平台经营活动"正外部性"的一种税收奖励,也可以看作政府购买社会组织服务的一种付费行为。

通过以上的对比分析,我们发现,传统的房东模式孵化器在由政府运营转向民间运营后,尚未寻觅到可持续的盈利模式,其还需要通过融资维持日常运营。股权投资模式孵化器盈利周期长、服务企业数量少、专业背景要求高，主要适用于少数高科技创业企业的孵化。"集群注册模式"孵化器市场化程度高、服务企业数量多、更具"草根化"特色，主要依赖向大量小型创业企业提供服务维持孵化器运营与盈利。

多种模式的孵化器共同存在，为不同类型的创业企业选择适合自身特色的孵化平台提供了更多的选项，有利于激发市场创业热情，增加创业企业成功概率。未来，社会各界应更多关注各类创业孵化器的社会作用和意义，探索更多增强孵化器盈利能力的手段，让优质孵化器更好地扮演改善中国创业环境的角色。

第二章 ｜ 创业指南

选择合伙人

创业是众人共事的过程，所以选择创业伙伴是创业中第一重要的事情。对于创业伙伴的选择，有几点需要特别注意。

第一，合作伙伴的数量不宜过多。

很多第一次创业的创业者都愿意增加合作伙伴的人数，希望以此来增加资本、渠道并分摊风险。从资源整合的角度来看，更多的合伙人可以为企业带来更多的投资，也可以为企业带来更多的社会资源（社会资本），所以增加合伙人的数量确实可以起到增加初创企业资本的效果。

但是，增加合伙人数量的弊端也很明显。在企业正式运营后，更多合伙人将会带来更多的不同意见。无论是针对企业发展的道路选择还是企业管理的方法，过多的意见将使企业决策的效率大大降低。我们走访和调研了大量的初创企业后发现，创业企业的发展道路与创业者初始的规划往往都大相径庭。其主要原因是创业者们（特别是第一次创业者）对市场真实状况的了解与认识并不充足，只有那些能够根据现实状况做出快速调整的企业才能够得以生存和发展。

若创业企业投资股东过多，企业经营决策所花费的时间则会大大增加,决策效率随之降低。甚至还会出现因股东间无法达成统一决策,最终错过转型黄金期直接导致创业失败的情况。

第二,创业伙伴之间要形成优势互补。

创业者一般都是具有特殊才能的人,大体可分为技术型人才、销售型人才和管理型人才。技术型人才大多可以提供具有市场竞争力的独特产品(服务);销售型人才则是拥有更多的销售渠道或更强的销售能力,可以增加产品销量;管理型人才可以为企业提供良好的运营环境,提高企业内部效率。创业者应该选择具有不同业务能力的合作伙伴,以达到能力互补的效果。

另外,选择合作伙伴时还应尽量做到性格互补。创业过程中必然会出现困难、挫折,此时创业者会因为个人性格的差异而做出不同的反应。如果创业合作伙伴之间能够做到性格互补,创业团队面对困难时将表现出更强的理性与韧性。

第三,创业伙伴间要做好股权架构设计。

股权架构的设计往往是创业初期最容易被忽视,但却在企业经营过程中产生重要影响的因素。多名股东共同投资创立企业时,股东投资金额与所持股权往往不对等,比较常见的情况是一些股东出资获得股权,一些股东以专业能力(如技术能力、销售能力、管理能力等)替代资金获得股权。还有一些股东仅作为出资人,投入资金后占有一定比例股份,但不参与企业经营。此类合作方法在创业初期不会引起太多矛盾,但是会因企业未来发展的状况出现两种不同的可能。

一种情况是企业经营未达到预期，那么出资股东投入的资金会随之缩水，如果企业经营不善而倒闭，出资人可能会赔光所有投资。另一种情况是企业逐步发展壮大，那么不直接参与企业运营的股东若按照初始股权获取红利，则会打击负责企业经营股东的积极性，甚至会产生较严重的矛盾。

为了应对此种情况，创业者可在企业创立初期就根据股东情况在公司章程中加入"动态股权设计"的条款。出资股东与经营股东可以设定"对赌条款"，根据企业每年利润增长的情况调整双方股权比例和分红比例。以此营造企业内"谁出力，谁获利"的环境，最大限度激发股东做事的动力。

总体而言，创业合作伙伴的选择对创业能否成功有着极为重要的作用。若能遇到合适的合伙人，并制订好合伙人之间责权利的分配安排，创业者就向着成功创业迈出了坚实的一步。

选址与注册

随着我国鼓励创业政策的逐步推进,目前初创企业进行工商注册时已经可以在租用办公用房、使用自有住房和在集群注册平台虚拟注册三种模式中自主选择。

传统的租用办公用房模式优缺点都比较明显。最大的优点是办公环境相对较好,办公地点一般处于交通便利地区,客户来访较为方便;缺点就是租金成本较高。以天津为例,办公楼宇的租金成本在每平方米每天2元~3元,一间100平方米的办公室每年的租金成本在8万元~10万元之间。另外,初创企业发展速度一般较快,经常会涉及办公室搬迁的问题。如果变更办公地点,还要在工商和税务部门办理变更手续。若是办公地址变更还涉及管辖税务局的变更,需要完成税务变更工作,变更过程通常花费2~3个月的时间。

选择使用自有住房注册的优势是无须缴纳房租,但是企业仍要缴纳房租12%或房屋价格0.8%的房产税。按照房屋价格100万元来计算,企业需要每年缴纳8000元的房产税。

2015年后推出的新型集群注册模式比较好地解决了以上两种注册模式的缺点,其优点有成本低和灵活性强两点。第一,创业企业每年仅需缴纳注册平台2000元~3000元的地址托管费便可注册成立企业,可以省去租用办公室的租金成本或房产税成本。第二,集群注册企业可以根据自身情况选择在任意地点办公,变更办公地点时只需变更企业经营地址,不需要在工商和税务部门办理注册地址变更手续。

集群注册方式的缺点也比较突出。第一,集群注册模式并非适用于所有行业。对于食品、医疗、拍卖等需要前置审批的行业,企业必须有合格的经营地址来进行审批,无法用集群注册方式创办企业。第二,集群注册平台的经营稳定性会对创业企业造成影响。若注册平台因自身经营原因倒闭,其平台上所注册企业则需要进行注册地址变更。所以,选择集群注册平台时应首先考察平台的服务质量与经营稳定性,对于仅仅以低价吸引企业注册的平台应予以警惕。

对于初创企业的选址问题,因为初创企业往往纳税规模较小,很难获得政府税收奖励政策的优惠。所以,创业者应多关注各行政区对创业企业扶持的力度。关于目前主要的创业优惠政策,请参考后文的"扶持政策"内容。

财务与纳税

初创企业出于成本的考虑,一般会将记账报税、社保、公积金等刚性需求进行外包。市场上能进行代理记账的公司有很多,整个行业处于充分竞争的状态,服务价格也相对透明。根据初创企业财务工作量的不同,小规模纳税人每月的代理费在200元~400元,一般纳税人每月的代理费在300元~800元。这样的价格是雇用一个专职会计的人工成本的1/15,能够较大幅度地减轻初创企业的运营成本。

与选择集群注册平台类似,创业者在选择代理记账公司时不应将价格作为最重要的选择标准。创业者首先应避免选择规模过小的代理记账公司,这些公司因为会计人数过少,一旦发生离职、病假等突发情况,往往会耽误企业报税,造成企业的税务污点。

应以代理记账公司的业务能力为第一选择标准,优秀的代理记账公司不仅规范公司的财务工作,还能够给创业者应有的专业意见,大大降低各类风险。比如,曾经有一位创业者委托一家代理记账公司进行记账报税,每月的费用是200元。前几年公司经营情况很好,创业者便直接从公司取走利润,然后让代理记账公司记账。几年过去,创业者已经取走了近500万元的利润。后来,代理记账公司的会计告知创业者需要归还取走的利润,要不然就需要缴纳20%的个人所得税。这时创业者才知道公司利润是不能由股东随意支取的,抱怨记账公司为何不及早告知他。

因此,创业者要适当学习一些基础的财税知识。很多创业者缺乏基本的财务知识,过度依赖记账公司,认为记账公司应该为他们做好所有的财税问题。可惜,这种想法是不切实际的。由于代理记账公司是一个会计给多个公司服务,会计的精力不足以时时事事给每一个创业者提供合理的建议。另外每月几百元钱的服务费,创业者也不能对代理记账给予过分的期望。有些创业者认为既然委托了财务公司,就可以完全放手不管,甚至财务公司索要企业的银行回单时也不配合。有些责任心差的财务公司,也就听之任之,这样就会导致财务报表的银行余额与实际情况严重不符,积累下来就会成为企业财务的巨大隐患。

创业者应学会阅读财务报表,并让财务公司定期提供企业的财务报表。创业者大多出身业务或技术,很少有做财务出身的人创业。虽然初创企业一般会把财务工作外包给记账公司,但是作为企业的管理者,无论你的企业是自己雇用会计人员还是将财务工作外包,都需要掌握基本的财税知识。首先,企业的资产负债表、损益表、现金流量表要经常看、要看得懂。其次,创业者要知道公司纳税主要由增值税、企业所得税和个人所得税三部分构成。最后,要了解一般纳税人企业与小规模纳税人企业在增值税缴纳时的差异。

较好的财务公司还会根据企业的实际财务情况,定期为企业提供财务方面的建议,比如哪些费用可以入账,哪些不可以;股东从公司拿走现金,应该如何记账,如何冲抵;企业参评国家高新技术企业认定应该有多少收入和费用;研发费用如何列支等。

最优秀的财务公司还可以通过帮助创业者设立一般纳税人企业、小规模纳税人企业和核定征收的个体户等方法来进行合理的税收筹划。比如,有一位创业者主营会议平板机的代理销售和安装服务,其主要业务模式是从上游厂家采购会议平板机,加价后卖给终端用户,同时提供上门安装和售后服务。因为年销售额超过了500万,所以该企业是一家一般纳税人企业。该企业的增值税纳税情况如下:会议平板机的进货价格10000元/台,销售终端价格14000元/台,应缴纳的增值税为(14000-10000)×13%=520元。

清联在接受该创业者的财务代理业务后,为其进行了税务筹划。这家企业准确的业务模式应该是平板会议机终端售价11000元,安装及售后服务费3000元。应缴纳的增值税是(11000-10000)×13%=130元和3000×6%=180元,合计应纳增值税为130+180=310元。(注:一般纳税人的货物销售增值税税率是13%,服务类增值税税率是6%。小规模纳税人的服务类增值税税率是3%,复工复产期间降为1%。)

创业者还可以通过成立小规模纳税人企业来进一步优化税务,如成立一家专门承接会议平板机的安装和售后服务工作的小规模纳税人企业。这家提供安装和售后服务的小规模纳税人企业的增值税税率是1%,应纳增值税为3000×1%=30元。合计增值税为130+30=160元。

可见,创业者可以借助国家给予中小企业的税率优惠,通过优化企业业务流程和税务优化来降低税务负担。上面的案例中企业销售一台会议平板机的增值税由520元降低到160元,节省增值税360元,节税率达到了70%。

人力资源管理

当初创企业需要雇用员工时,创业者便需要关注企业人力资源管理的问题。在雇用员工时,创业者需要注意以下几点。

第一,企业要严格遵守劳动法的规定,与员工签订劳动合同。

初创企业雇用员工时,必须与员工签订正规劳动合同。《中华人民共和国劳动法》第十七条规定,劳动合同应当具备以下条款:

1.用人单位的名称、住所和法定代表人或者主要负责人;

2.劳动者的姓名、住址和居民身份证或者其他有效身份证件号码;

3.劳动合同期限;

4.工作内容和工作地点;

5.工作时间和休息休假;

6.劳动报酬;

7.社会保险;

8.劳动保护、劳动条件和职业危害防护;

9.法律、法规规定应当纳入劳动合同的其他事项。

目前各城市劳动局大多会提供制式劳动合同样本供用人单位参考。劳动合同除前款规定的必备条款外，用人单位与劳动者可以约定试用期、培训、保守秘密、补充保险和福利待遇等其他事项。但必须注意的是，企业与员工签订的条款必须以遵守《中华人民共和国劳动合同法》为前提，若条款违反法律规定，则员工随时可向有关部门提出申诉。如某初创企业雇用员工时，双方约定企业不为员工上缴养老保险，该部分费用企业直接以工资形式发放给员工。但是，员工辞职后向劳动仲裁机构提出申诉，要求企业补缴社保。这种情况下，不论企业与员工之前签订过何种协定，只要不符合法律规定的内容，企业所签订的协定都是违法的。

第二，雇用员工时，企业家需要有自我保护意识。

根据法律规定，企业不得无故辞退员工。雇主需要加强自我保护，若发现员工有消极怠工的情况出现，应及时与员工沟通，调整工作岗位，并收集怠工证据，以增加在劳动仲裁环节中维护自身权利的成功率。

第三，初创企业可以借助中介服务机构降低用工违法风险，提高灵活性。

初创企业可以委托中介机构代办员工入职手续、劳动合同、社保缴纳等工作，机构收费标准在每人每月50元左右。若企业希望短期雇用员工,可以通过与劳务派遣公司合作,从劳务派遣公司雇用临时员工。软件开发、设计等服务型行业也有可以提供灵活用工方式的中介公司或平台,初创企业可以利用这些机构提供的用工方式完成企业项目,降低违法雇用的风险。

企业合规

绝大多数的创业者都是怀着一腔热情开始注册企业的,但是创业的过程是一场马拉松,需要有持久的耐力并做好各种合规工作。目前政府对企业的管理主要有工商年检、汇算清缴、统计局调查填表、企业宣传等方面的规范管理工作。

工商年检是市场监管局对公司的年度调查,需要企业在公示网站自行填报对外投资信息、社保信息、对外担保信息等。企业需要在每年规定的时间内完成相关填报内容,如果企业不按期公示信息,则会被市场监管部门列入经营异常名录。

汇算清缴是税务部门对企业的一项强制性要求,是企业在正常的报税工作之外,要在规定的期限内对企业上一年度的纳税情况进行总体汇算。通过查漏补缺,重新核定企业应缴税金,如有差异则会多退少补。

工商年检和汇算清缴是企业每年需要完成的常规工作,代理记账公司一般会负责完成客户的以上两项年检工作。

除了每年固定的企业年检工作之外,市场监管部门每年还会抽查一部分企业进行基础信息调查。市场监管部门会电话联系被抽查到的企业,企业需要配合监管部门的调查。如果企业拒接电话或者不配合调查也会被列入经营异常名录,影响企业的正常经营。现实中,一部分企业由于办公室长期无人办公而错过了电话调查,最终在不知情的情况下被列入经营异常名录。这种情况需要初创企业特别注意。

企业在做自我宣传时要遵守广告法,不能夸大宣传企业。尤其需要引起注意的是,"国家级""最高级""最佳"这类词语不能在企业宣传中使用。若使用以上违规词语进行宣传,则会被市场监管部门处罚,罚款额度将不低于20万元。目前社会上有一些人专门从事举报违法宣传牟利的事情,他们发现公司网站上有这样的违规用词后,会以向监管部门举报为由向企业进行勒索。

宣传与推广

宣传和推广对企业发展而言非常重要,特别是初创企业因为缺乏市场知名度和美誉度,所以很难快速打开市场而获得收入。又因为初创企业缺乏充足的资金,无法像大型企业那样花费重金进行市场宣传和推广,所以很多创业者都会选择通过公众号、短视频等方法先在朋友圈进行推广。

通过公众号、短视频在朋友圈内宣传企业,还有一个重要的作用就是确立"人设"。创业开始意味着创业者的事业发生了一次转变,创业者首先需要让周围的朋友们知道自己是"干什么的"。这就是创业者确立新"人设"的过程。这个过程也是创业者积累第一批客户的过程,其意义重大。

创业者利用公众号、短视频等方式推广的过程中,应注意以下几点:

第一,做到持之以恒。

虽然在朋友圈或短视频平台上进行宣传与推广是免费的,但不论是公众号文章的写作还是视频的制作都需要花费创业者大量的时间和精力。所以,持之以恒地提供宣传内容并不是一件简单的工作。并且,在朋友圈中宣传很难达到立竿见影的效果,通过几次宣传就想打开市场的可能性极低。

因此,创业者需要通过坚持不懈的推广,让朋友们感受到创业者认真做好事业的决心。朋友们每看到一次创业者宣传的内容,就会对创业者的事业增加一点了解和信任。这样朋友们对此类产品或服务有需求时,便很可能因创业者的坚持而选择购买。多位长期利用朋友圈进行企业宣传的创业者都表示,定期利用公众号或视频在朋友圈里宣传,可以强化自己的"人设"。创业者通过设立成功的人格形象,企业产品和服务可以得到更多人的信任和认可,从而为企业增加更多的用户。

第二,宣传内容要做好、做精。

宣传推广工作在保证持之以恒的前提下,应进一步做好、做精。公众号文章的内容、视频的拍摄质量等都决定这些宣传内容是否会被他人阅读、观看,甚至转发和分享。打动他人的内容将为创业者带来更好的宣传效果,成为产品打开市场的重要手段。

目前,很多广告公司、服务机构都推出了为初创企业制作宣传内容的服务,这些服务可以给创业者提供更加专业化的宣传内容,有助于提高企业的宣传效果。

企业融资

　　小微企业融资难一直是困扰国内创业者的问题之一。目前创业者比较容易获得银行贷款的模式还是房屋抵押贷款模式。2020年复工期间，各级政府对中小企业贷款难问题的重视程度也有了进一步的提高，要求商业银行主动增加对中小企业的贷款力度和优惠幅度。一些银行面向中小企业推出了贴息（无息）贷款和信用贷款项目，但是银行出于自身风险控制的目的，在提供这些优惠贷款时往往会附加其他要求。如一些银行要求担保公司为中小企业提供担保，而担保公司则要求企业主在抵押一套住房后，以第二套住房作为抵押与担保公司签订担保协议。这相当于中小企业为了获得低息贷款，需要抵押两套住房，贷款难度极高。

　　还有一些银行向中小企业提供了信用贷款模式，如大部分银行都推出了基于企业纳税情况的"税务贷"产品。各家银行基于自身风险控制的要求，也对企业申请税务贷提出了不同的规定。如在企业经营时间、连续纳税年限、毛利率、融资银行数量等方面，银行都对中小企业有不同的要求限制。

　　"税务贷"的优点是中小企业无须提供抵押物且贷款利率较

低(年息约为5%左右),缺点是贷款额度较低,仅能缓解一些企业经营流动资金不足的问题,对企业发展而言作用有限。

民间借贷是中小企业获得融资的另一种主要渠道。目前市场上提供贷款产品的贷款企业很多,贷款产品设计也较为丰富。除传统的房屋抵押贷款外,一些机构还提供合同抵押贷款。如一些贷款机构根据中小企业与信用良好的大型国有企业签订的销售合同,向企业提供合同金额一定比例的周转贷款,此类贷款的年利率大多在10%~15%之间。另外,贷款机构还向创业者提供基于个人信用的小额贷款,此类贷款的年利率水平更高,在15%~20%的水平。

整体而言,缺资金一直是制约中小企业发展的难题之一,且短期内此种情况很难发生根本性的改善。中小企业发展还应本着"量力而行"的态度,通过开源和节流降低经营风险,保持企业现金流的稳定与持续。

扶持政策

近年来国家对中小企业的支持力度逐渐增大,中央、地方政府都针对中小企业、创业企业推出了各类扶持政策太多,大多面向国家科技型中小企业、国家高新技术企业等。这些政策的主要内容如下所示。

一、国家科技型中小企业

企业需具备的基本条件(以下5项需同时满足)

1.境内注册:在中国境内(不包括港、澳、台地区)注册的居民企业。

2.企业规模:职工总数不超过500人、年销售收入不超过2亿元、资产总额不超过2亿元。

3.禁入行业:企业提供的产品和服务不属于国家规定的禁止、限制和淘汰类。

4.诚信行为:企业在填报上一年及当年内未发生重大安全、重大质量事故和严重环境违法、科研严重失信行为,且企业未列入经营异常名录和严重违法失信企业名单。

5.企业自评:企业根据科技型中小企业评价指标进行综合评价,所得分值不低于60分,且科技人员指标得分不得为0分。

6.符合上述第1~4项条件的企业,若同时符合下列条件中的一项,则可直接确认符合国家科技型中小企业条件:

①企业拥有有效期内高新技术企业资格证书;

②企业近五年内获得过国家级科技奖励;

③企业拥有经认定的省部级以上研发机构;

④企业近五年内主导制定过国际标准、国家标准或行业标准。

二、国家高新技术企业

(一)高新技术企业需满足的条件(以下8项条件需同时满足)

1.企业申请认定时需注册成立一年以上。

2.企业通过自主研发、受让、受赠、并购等方式,获得对其主要产品(服务)在技术上发挥核心支持作用的知识产权的所有权。

3.对企业主要产品(服务)发挥核心支持作用的技术属于《国家重点支持的高新技术领域》规定的范围。

4.企业从事研发和相关技术创新活动的科技人员占企业当年职工总数的比例不低于10%。

5.企业近三个会计年度(实际经营期不满三年的按实际经营

时间计算,下同)的研究开发费用总额占同期销售收入总额的比例符合如下要求:①最近一年销售收入小于5000万元(含)的企业,比例不低于5%;②最近一年销售收入在5000万元至2亿元(含)的企业,比例不低于4%;③最近一年销售收入在2亿元以上的企业,比例不低于3%。其中,企业在中国境内发生的研究开发费用总额占全部研究开发费用总额的比例不低于60%。

6.近一年高新技术产品(服务)收入占企业同期总收入的比例不低于60%。

7.企业创新能力评价应达到相应要求。

8.企业申请认定前一年内未发生重大安全、重大质量事故或严重环境违法行为。

(二)国家高新技术企业奖励政策和依据

奖励政策:

1.认定为国家高新技术企业(以下简称国家高企),按15%的税率征收企业所得税。

2.对首次通过认定及由外省市整体迁入天津市的国家高企,按照规模大小给予30万~50万元支持。

3.对资格期满当年通过重新认定的国家高企,给予20万元支持。

4.对服务企业申报国家高企成效突出的咨询服务机构给予

最高100万元支持。

政策依据：

1.《高新技术企业认定管理办法》（国科发火〔2016〕32号）。

2.《高新技术企业认定管理工作指引》（国科发火〔2016〕195号）。

3.《中华人民共和国企业所得税法》。

第三章 | 创业故事

帮助更多人实现创业梦想

——天津清联网络孵化器有限公司

清联的创始人张翼是清华大学1988级的学生。在水利系学习的张翼有着一颗文艺青年的心,他在大学期间辅修了新闻专业。毕业后,张翼进入天津电视台,成为一名记者。

2015年,张翼成立了清联网络孵化器有限公司。张翼说让他下定决心做清联的起因是2014年9月李克强总理在第八届夏季达沃斯论坛上的致辞。李克强总理说:"借改革创新的东风,在960万平方公里上掀起'大众创业''草根创业'的新浪潮,中国人民勤劳智慧的'自然禀赋'就会充分发挥,中国经济持续发展的'发动机'就会更新换代升级。"张翼作为天津电视台的一名制片人,当时正在现场进行报道,听到李克强总理的讲话后,他好像被拉回到了自己大学毕业时的90年代。那是"全民下海"创业的时代,张翼因进入电视台而放弃了创业的机会。此时,快要"知天命"的张翼心中,创业的冲动再次出现。

已经在媒体行业摸爬滚打多年的张翼长期与各类创业者接触,他了解创业者们的艰辛与难处。他对笔者说:"从公司注册时需要办理的各种证件、执照,到后期企业的财务、人力、法务工作,仅仅是把一个公司创立起来，就足够让创业者脱一层皮的。"所以，当李克强总理说出鼓励"双创"的讲话后，张翼觉得他可以利用多年与各类创业者们、政府部门沟通的经验，为"双创"事业做点什么。

于是，张翼开始思考如何帮助更多的人实现创业梦想的方法。就在此时，张翼了解到他的一位清华校友得到了东莞市政府的批准，在东莞市开创了全国首家集群注册平台企业。与"一址多照"不同，从事集群注册的平台企业在原则上没有注册企业数量的上限，平台可为"无限"数量的中小企业提供公司注册服务。集群注册的方式可以大大降低企业的初创成本和存续期间的经营成本，但是从政府的角度，注册平台企业若出现运营问题，将会增大政府管理企业的难度。东莞市这次大胆的尝试释放出地方政府为进一步深化改革而勇于创新管理制度的信号，也让张翼找到了创业的方向。

此时，天津市各级政府尚未允许公司以集群注册的形式创立，为了能让集群注册平台在天津市落地，张翼带着天津市滨海新区相关部门的领导们赴东莞市考察了三天。在仔细研究了东莞市的经验后，滨海新区决定将集群注册制度引入本区。张翼说："天津市滨海新区有一批优秀的公务员，他们想做事、敢做事、做实事。只要做事，就可能出错；如果出错，就要有人承担责任。但是，天津市有一批政府工作人员是敢于担责任的，为了让天津市或者至少滨海新区的民营经济更有活力,这批政府工作人员们愿意承担风险,所以才会有清联的诞生。"

在得到许可后,张翼和身边的几位同为清华毕业的好友,成立了天津清联网络孵化器有限公司。"清联即是几位清华校友联合起来的意思。又寓意:清水上的莲叶。我们要做一片青莲,成为小蝌蚪们孵化成小青蛙后,跳上岸前的支撑平台。"张翼说道。

清联的业务主要包括集群注册、财税顾问、孵化培训、管理咨询、投融资服务、商标专利代理、法务服务等方面。用张翼自己的话说,清联就是要做创业者的小秘书,真心、贴心、暖心,还不贵。

张翼和朋友们共筹资200余万元后,开始清联开业的筹备工作。作为天津第一家提供集群注册的企业,张翼做了一个大胆的决定。他在滨海新区租金较贵的写字楼——"智慧山"中租下了一层500多平方米的办公室,仅1年的租金就达到了50余万元。"我们是做服务的企业,对于服务业企业而言,客户的信任度是最重要的。我之所以租下一层楼作为办公室,并不是因为我开业时需要如此大的面积来办公,而是想告诉政府和未来的客户,我有决心把这个事业做好,所以我愿意承担更多的成本。这就好比是银行用大理石来装修一样,我花了这么多钱租房和装修,因为我有决心提供稳定、长期的优质服务。我们要让所有人都能直观地感受到,我们与现有的一址多照注册公司和代理记账公司是不同的。这是通过主动增加'沉没成本'来提高企业信誉度的做法。"

熟读诸多经济学专著的张翼说道。

就在张翼筹备清联开业的时候,2015年4月21日,李克强总理主持召开国务院常务会议,会议上提出:"大力支持大众创业、万众创新,把创业和就业结合起来,以创业创新带动就业……放宽新注册企业场所登记条件限制,推动'一址多照'、集群注册等改革。"这是中央层面第一次正式提出集群注册概念,全国各地的集群注册平台如雨后春笋般涌现出来,清联也成为天津市"双创"工作的典型企业。

2015年5月19日,清联网络孵化器有限公司正式营业。作为天津市推进"双创"工作和制度创新的重要成果,滨海新区政府的相关领导参加了清联的"开业典礼",多家媒体也对清联的开业进行了报道。

"回想起来,开业当天是我创业至今最风光、最开心的一天。"张翼对笔者说,"晚上回到家,我兴奋得睡不着觉。我在想清联几年能做大,几年能上市? 就好像是我的创业梦在那天已经成功了。"

但是,从筹备到开业都顺风顺水的张翼,在开业的第二天却遭到了巨大的打击。

张翼邀请了一位在天津市从事中小企业代理记账业务的朋友来商谈未来的合作。张翼说:"从李克强总理的会议精神、'双创'对中国经济的好处,到清联做集群注册的方法、价格、优势,我滔滔不绝地和这个朋友说了半个多小时。"这位朋友在了解了清联的服务内容后反问道："天津市已经有好几个区在产业园为创业企业提供免费的地址注册服务了,你不知道吗? 你做收费的注册服务,没有优势啊。"

"我当时就像是被当头挨了一棍,整个人都蒙掉了。"张翼说道,"我一直觉得自己决定创业的计划做得很理性,前期也做了很多的市场、政策研究,咨询了不少相关人士,但我还是漏掉了很多重要信息。现在回想起来,其实创业也就是如此,没有人能把所有信息都了解到,把所有问题都解决后,再创业。如果那时我了解到政府提供免费办公室,我可能就退缩了,也不会有今天的清联。"

50余万装修和办公设备投入、50余万房租,已经花掉100多万"沉没成本"的张翼第一次体会到了经济学书本上所写的"沉没成本与决心"之间的关系。张翼说:"投入了那么多,企业做死了,自己血本无归不说,还把最好的朋友们都坑了,所以硬着头皮也要继续干啊。什么做大、做上市,我终于知道了这些虚幻的目标对创业企业都是没有意义的。活着,才是第一目标。要尽快达到盈亏平衡点,让企业自己造的血液可以维持自身的生存,这是我营业第一天学到的道理。"

幸运的是,在国家鼓励创新、创业的政策激励下,国内创业企业的数量不断增加。张翼说:"我们对大势的判断是正确的。"当更多的创业者来到清联咨询公司注册、代理记账等相关服务后,张翼逐渐找到了清联的定位。

张翼说:"天津市政府确实在为创业企业提供免费地址注册的服务,但是政府的'免费午餐'却不是所有企业家都可以顺利吃到或吃得开心的。企业家要向政府部门提出申请,等着排队取得资格,这是有时间成本的。而且,政府工作人员向企业提供的服务内容也并不一定符合创业者的期望。清联的服务更高效、更专业、更贴心,并且不贵。很多真正想创业的企业家,愿意支付一年几千块的成本,只要他能够获得对等或超值的服务。同时,清联极佳的办公地点和明亮、宽敞的办公环境又优于绝大多数的代理记账公司,这也增加了客户对清联服务质量的信心。所以,这时候我知道,清联有自己的发展空间,我们能活下去。"

在清联调研期间,笔者遇到了一位IT企业的创业者,这位创业者对笔者说:"清联这样的平台对我们这类创业者非常重要,真的是企业的好助手。就我自己而言,起初是在自己家里成立的公司,注册地址就是自己的住房,3个创始人在我家办公。这样最大限度地节省了办公场地的开销,不过还是要按照市场评估租金的12%来支付房产税,1年下来也有4000元左右房产税的支出。同时随着发展,企业赚钱了,也开始招更多的人,家里的面积就不够了,我们就租了面积更大的办公室。看似简单地'搬家',但这算是企业办公场所变更,需要上报到工商局和税务局。在我们变更办公地点期间,工商和税务部门会要求我们封账,并且不能申请发票,待变更事项全部完成后,企业才能继续经营。我们企业上次搬家,公司业务停摆了3个多月。现在我们的规模更大了,还要搬家,而且这次看中的地点在另外一个区,工商和税务部门的沟通更加烦琐了。所以,我们打算把企业转到清联的平台上,这样注册地点不变,我们根据企业发展的情况可以调整办公地点。只要和清联保持顺畅的沟通,确保企业随时'可联'且在连续经营就可以了。创业企业初期经营灵活,变化比较多,和政府管理部门的政策之间会有更多的冲突。我们几个创始者都是各自领域的专业人士,我们懂技术、懂市场,但是我们真的不太懂政策和规定,不太懂法律,所以我们需要一个专业机构帮助我们来协调这些工作。"

事实也确实朝着张翼预想的方向发展。到2016年初,清联已经成功地帮助几百家企业完成了注册,并承担了其中大多数企业的代理记账服务,企业实现了盈亏平衡。用8个月的时间达到盈亏平衡点,这比张翼12~18个月实现盈亏平衡的预期早了很多,清联很幸运地迈过了创业企业的第一道坎。

2016年1月,一家代理记账公司向清联介绍了20余家贸易类建材公司的注册业务。春节前获得这样的大礼包,张翼和股东们商量后,给清联的每个员工都发了春节红包。但是,这些企业却在不久后"爆雷"了。2016年6月的一天,滨海新区税务局找到清联,要求配合调查一起涉嫌虚开增值税发票的案件。这20余家新注册的建材公司在短短4个月内便开出了约1亿元的增值税销项发票,但是税务局在之后的税务核算中发现这些公司并没有采购行为,也没有进项税产生,公司涉嫌虚开增值税发票。因为这些企业都注册在清联平台上,所以公安、税务稽查等部门要求清联全力协助案件的调查。

清联配合公安部门联系企业法人后发现,这20余家企业的法人均在农村,本人都声称身份证已经遗失,不知晓自己成立企业的情况,其个人签名也与成立企业时预留的签名不同。这是一起典型的不法分子盗用他人身份证成立企业,进行虚开增值税发票的刑事案件。虽然清联在帮助这些企业注册时提交的手续符合工商注册的全部要求,但由于企业全部注册在清联平台,导致监管部门对清联的虚拟注册服务模式产生了质疑。

这次虚开增值税发票事件发生后,监管部门加强了对清联的管理力度,税务部门要求清联平台的注册企业在进行税务申报时必须提供实际经营地址。若注册企业的办公地点不在天津市内,则不能申请开具增值税发票;办公地点在天津市内的企业,每月可开具5万元以内的增值税发票;办公地点在滨海新区的企业,可按照实际经营情况申请增值税发票。

清联市场部负责人杨佳对笔者说:"这件事清联其实是有些无辜的。那段时期,一些企业自己租用办公室成立公司后,虚开增值税发票的事件也时有发生。问题的关键在于仅用身份证复印件和签名就可以成立公司的新规,给了不法分子盗用他人身份证成立公司的空子。当然,作为一家企业注册平台服务企业,我们也负有审查、核实客户信息的责任。所以事件发生后,我们也主动加强了对注册企业的管理工作。"

为了避免再发生虚假注册企业的情况,清联加强了对注册企业法人的审查工作。清联要求申请企业的法人需持本人身份证到清联填写各类申请表格,若法人无法到天津办理业务,则需提交本人手持身份证的照片和录像,以确保企业法人对成立企业的事项完全知晓。而且,清联也加强与平台企业的沟通工作。客户经理每月都会与企业法人电话沟通,并定期去企业办公地点拜访,以确保企业运营正常。如果发现有企业法人"失联",清联则会及时向工商、税务部门汇报情况。

在区政府限制和自身风控标准提高的双重影响下,清联新客户扩张的速度在2016年明显下降,但是张翼却认为这是清联一段很宝贵的经历。他说:"第一,在时间点上,当时的清联已经度过了盈亏平衡点,虽然遭受了打击,但是对清联的生存并没有产生大的影响,这是很幸运的。第二,清联第一年的快速增长中一定存在很多潜在的风险客户,此时出现问题,让清联可以排除风险点。那时清联的客户只有几百家,排除风险的工作量还不太大。如果今天才出现问题,那就要对几千家客户进行风险排查,成本将大幅提升。第三,这次问题出现后,也给了我们很好的反思机会。我们服务的对象是谁？以前我们认为清联是服务于创业者的企业，但是我们发现清联还有一个重要的服务对象——区政府。我们可以作为区政府的助手，帮助区政府完成一些企业监管和风险控制的工作，我们是企业与政府各部门之间的沟通管道，管道两端都是我们的服务对象。"

自清联加强风控之后，其平台企业没有再出现过虚假注册和虚开增值税发票的问题，滨海新区税务机关也因为清联之后的良好表现在2018年逐步取消了对其客户开具发票的金额限制。在虚假注册企业问题上，国家市场监督管理总局也发现了仅让法人代表提交身份证复印件和签字就可以注册企业的规则漏洞太多。所以自2019年起，国家市场监督管理总局开始采用手机面部识别的方法来确认企业法人代表的身份。法人在线提交身份证照片后，还需要通过"刷脸"来确认身份，这样的举措在没有增加企业注册难度的同时，降低了盗用他人身份证成立企业的可能，虚假注册公司的漏洞也基本被解决。

渡过2016年的风波后，清联在2017年交出一份非常漂亮的答卷。这一年在清联平台上注册成立的企业数量超过了500家，向滨海新区纳税规模超过2000万元。仅用500余平方米的办公楼面积，实现纳税千万元以上，清联成为滨海新区吸引企业入驻和打造"楼宇经济"的成功案例。为了鼓励清联吸引更多的企业入驻滨海新区，区政府给予清联连续3年每年24万元房租补贴，以此奖励清联对区财政税收的贡献。

此时,清联与区政府之间的关系也发生了一些有趣的变化。2017年10月,天津市滨海新区商务和投资促进局找到清联公司,主动协商将多家区内企业转移落户到清联。商促局工作人员推荐到清联的企业,都是其在几年前招商引资到滨海新区注册的北京等城市的大型企业的天津分(子)公司。为了吸引北京企业在天津设立分公司,滨海新区政府为这些企业免费提供了办公场所和注册地址。但是,一些企业因为天津业务尚处于起步阶段,便没有安排员工常驻天津市工作。在2017年天津市工商行政管理局的一次市场检查中,由于无法顺利联系到企业相关人员,这些企业被纳入了"失联"企业名录。一位商促局的工作人员对笔者说:"我们辛辛苦苦才请来的企业,被纳入了失联企业名单,这事儿挺尴尬的。我们在总结了此事的教训后,建议那些未在天津安排常驻员工的企业转移到清联平台,由清联来提供后续的所有服务,以避免这样的'乌龙事件'再次发生。让清联来服务企业,它既是企业的小秘书,也可以是区政府的小秘书。"

张翼说:"区政府为企业提供免费的注册和办公场地,是有很高成本的。如果再安排专人来监管这些企业日常运营,则成本更大。将这些尚处于起步阶段的驻津分公司转移到清联,既可以防止其再次被列入'失联'名单,又可以盘活长期闲置的政府资源。北京总部的员工来天津办理业务时,可在清联提供的公共区域办公,资源的使用效率将大大提升。区政府正是看到了清联服务有利于政府招商和降低成本支出,才会主动将企业推荐到清联注册。此时的清联,已经成了区政府的服务商,替区政府在招商引资后做好企业服务的后续工作。"

几年的经营和摸索让清联对自身的角色与服务内容有了更深的理解,张翼开始与天津市更多区级政府沟通,希望能够复制清联在滨海新区的服务模式。2017年开始,清联又在东丽区、和平区、北辰区、红桥区开设了子公司。但是,曾经与滨海新区政府形成的默契却并没能完全成功复制。

某区政府在了解到清联集群注册的好处后,邀请清联来本区成立集群注册公司,以吸引更多企业注册。根据该区制定的招商引资奖励政策,对于年纳税超过50万元的企业,区政府将会按照纳税款规模予以奖励。虽然该区政府提供的办公场地租金略高,但是考虑到未来的税收奖励,清联最终决定与区政府下属的企业合作。

之后,清联与该区金融局下属企业签订了房屋租赁协议和税收奖励协议,开始进行企业招商、注册等业务。2017年开始,清联平台注册企业在该区每年实现纳税100万元~300万元,远远超过了协议约定的纳税50万元的奖励条件。但是,区政府提出清联平台注册的单一企业年纳税额均小于50万,无法予以奖励。清联则认为区政府应将平台注册企业的纳税总额视作清联的纳税贡献,并给予纳税奖励。2020年,房东以拖欠房租的理由将清联告到了法院,而清联则以不履行协议条款的理由提出了反诉。

张翼对笔者说:"政府既是社会的管理机构,也是经济中的重要组织。在涉及经济类的问题上,应该体现出足够的'契约精神'。法院判定清联败诉,我们最终只能从该区退出,注册企业也大多跟随清联转移出来。粗略估算,转出企业每年对区财政的税收贡献大约在300万元左右。"

这些问题并没有影响张翼继续将清联做大、做强的决心,他坚信民营企业将在中国经济发展中占据更重要的地位,而清联未来也将会扮演更多的角色。2019年,清联以股东的身份参与创立了天津清慧知识产权服务有限公司和天津清禾视频科技有限公司两家企业。张翼说:"随着清联客户的不断增多,我们发现了更多创业企业的新需求。比如一些创业企业需要制作企业宣传片,一些企业需要知识产权方面的咨询服务,我们发现这些需求后便主动寻找创业者,与他们合作成立了两家新企业。而且,清联平台还会主动为客户提供上下游相关企业的信息,帮助企业寻找优质的供应商或客户,让清联的客户之间发生化学反应。"

在理顺了与创业者和政府的关系后,清联已经将为客户提供更多元服务和挖掘客户之间的合作潜力作为未来服务的新重点。张翼对笔者说:"我们的平台大大降低了企业家创业的成本,我们的服务为政府和企业家节约了时间,也节省了精力。未来,我们还将会是创业企业资讯提供商,还可能是企业间合作的润滑剂和黏合剂。我们还会继续做大,走出天津,走向更多城市,使更多的中国创业者享受到更良性的创业环境。"

截至2019年底,已有1家在清联注册的企业成功登陆新三板,10余家外地上市公司将天津子公司注册在清联平台。张翼说:"这些'财大气粗'的上市公司之所以将天津子公司注册在清联平台,并不是因为虚拟注册的成本更低。他们将办公灵活性、信息渠道的通畅等作为最重要的考量因素。一些企业因为天津业务的快速发展,一年内多次改变办公地点。如果企业以租用办公室地址进行注册,那么搬家后企业变更注册信息的工作量则会很大,公司业务也会受到影响。还有一些外地企业非常关注天津各级政府推出的激励政策,所以也选择在清联注册,由我们来及时提供各类政策信息。"

同时,清联还孵化出国家级高新技术企业30多家,天津"雏鹰"企业50多家。近年来,清联每年都会举办30多场创业沙龙,为有创业意向的人们提供各类信息和咨询,也为中小民营企业家搭建信息沟通的平台。清联的客户规模以年均500家的速度平稳增加,平台注册企业达到2500家。

2020年,很多中小企业的经营都受到了不同程度的冲击,创业者的创业热情更是跌到了谷底。为了降低经营和创业成本,清联推出了"600元租工位"的服务项目。创业者仅需每月600元的租金成本,就可以在清联总部租用一个工位,并可共享使用清联的各种办公设备和会议室资源。这样优惠的价格吸引了众多创业者和小型企业的经营者。多位在清联租用办公场地的创业者都认为,清联提供的这种灵活办公模式有效地降低了创业成本,增强了经营的灵活性,减少了创业的顾虑。

著名经济学家罗纳德·科斯在其著作《企业的性质》一书中曾经对企业规模做过这样的描述:企业的扩大必须达到这一点,即在企业内部组织一笔额外交易的成本等于在公开市场上完成这笔交易所需的成本,或者等于由另一个企业家来组织这笔交易的成本。也就是说,组织内部交易行为所产生的"交易成本"和组织对外采购服务的成本大小是决定组织规模的重要考量因素。

任何一个组织都不可能自己完成所有的事情,因为交易成本会随着组织规模的扩大而不断增加。从这个角度来分析清联的工作,我们就可以找到其存在和发展的现实意义。从企业的角度来看,寻找注册地址、财务、税务、法务、人力资源等工作都会产生庞大的成本,而创业企业因为业务规模小,所以上述成本占销售规模的比例则会更高。此时,企业选择由外部提供服务很可能是成本更低的选择。从政府的角度来看,政府各部门之间沟通、协调和为企业提供服务的成本远大于从外部采购服务的成本,让清联来提供服务也是政府的理性选择。所以,清联作为在国内较新型的一类专业服务平台,通过提供专业服务起到了降低全社会总成本的作用。正如张翼所说："从微观角度看，清联是提供专业服务的收费企业，但从宏观角度看，清联降低了全社会的创业成本，正在为社会努力打造更良好的创业环境。我希望清联未来每一点进步，都能让营商环境变得更美好一点。"

2021年，清联网络孵化平台被天津市工业和信息化局、天津市财政局评为"市级中小企业公共服务示范平台"，滨海新区政府还授予清联"政务服务驿站"称号。清联在提升创业环境和承载政府服务职能方面的努力得到了天津市各级政府部门的高度认可。张翼创业之初做一片青莲，成为"小青蛙们"跳上岸前支撑平台的梦想也一步步成了现实。

与张翼多年的交往中，笔者感受到张翼身上有一份深深的清华情结。从注册平台模式的尝试，到以清联为自己的公司命名，细微处都有清华大学的印记。当笔者问张翼清华大学毕业生的光环对他的事业有何种影响时，张翼回答道："清华大学带给我的不是名校生的光环，也不是高人一等的优越感。我只是希望自己能用微薄之力为祖国做一点事情，不愧对清华大学对我的教育。"

很明显，张翼没有愧对清华大学的教育。

不服输就会赢的创业人

——优联惠品科技有限公司

2020年5月,笔者驱车来到了位于静海开发区的天津优联惠品科技有限公司。这是一家生产物流用托盘的制造企业,天津市场中约60%的聚乙烯托盘都由该家企业生产提供。

厂房里非常安静,工厂当天处于停工的状态。"老板"俞永龙的办公室就是厂房内放置的一个集装箱,里面摆放着两张办公桌和一个简易的二人沙发。年近50岁的俞永龙说:"外面说起来我算个小老板,其实就是这样的工作环境,您委屈一下吧。"

俞永龙出生在安徽省无为市,父母都是普通农民。作为家中的长子,俞永龙自小便希望通过自己的努力走出农村,改变家庭的命运。对于当时的70后而言,上大学是改变自己和家庭命运的最佳道路,可惜1996年参加高考的俞永龙却以十几分的差距与大学无缘。不服输的俞永龙决定复读再战,而等待他的却是再失利、再复读、再失利的痛苦循环。

2000年的春天,在经历了3次高考复读和失败后,这个对大学充满渴望的年轻人最终放下了心中的求学梦,登上了开往上海的大巴。卧铺车中放着电影《上海滩》,俞永龙躺在狭小的床位上，口袋里放着母亲从亲戚那借来的400元钱。这是俞永龙第一次离开农村的家，大学梦的破碎和新生活的未知让这个已经不太年轻的男人彻夜未眠。他紧紧握着口袋里的400元钱，这是他当时唯一可以抓住的东西。

21世纪初，上海的繁华震撼了这个初出茅庐的农村小伙，热闹的外滩、高楼林立的浦东，都是俞永龙从未见过的景色。他说："我去外滩，第一次见到了电梯。我站在那看着人们进进出出，但我却不知道自己怎么使用它。"

俞永龙投奔的是妹妹正在打工的一家食品厂，在他复读期间，妹妹早已离开家乡来到上海打工。这是一家专做卤制品的食品厂，卤制鸭脚是其最主要的产品。俞永龙进厂后做起了销售员，每天的工作就是骑着车去菜市场把产品推销给出售熟食的摊位。"我每天拿着地图，骑着一辆'二八'凤凰自行车，驮着一箱鸭掌，一个个菜市场、路边摊的推销产品。那时候我身材特好，没有赘肉。"俞永龙笑着说。

和从小在家帮忙干农活相比，俞永龙并没有觉得这样的推销工作十分辛苦。如果吃了闭门羹，他就第二天再去摊位上询问，摊主是不是能要一点儿货试试看。俞永龙说："一个从农村来到大都市打工的青年，除了诚意和坚持，也没有其他可以打动别人的东西。"就这样一个客户、一个客户地推广，一年下来俞永龙成了厂里最优秀的销售员。

这时,俞永龙萌生了自己创业的想法,开始自己制作鸭掌。因为已经掌握了充足的销售渠道,他做的鸭掌的销量极佳。从凤凰自行车到电动车再到小箱货车,俞永龙的生意越做越大,他挣到了人生的"第一桶金",体会到了创业路上的快乐。

　　可惜,2005 年时,多名顾客食用了鸭掌后出现腹泻等"食物中毒"症状,俞永龙一夜间赔光了全部的积蓄。"到今天我还是没想出是什么环节出现了问题。"俞永龙说,"食品行业真的是风险极大,原材料供应、制作、运输、零售,所有的环节都不能出现任何问题。熟食产品的要求更高,出现问题就是大问题。"

　　一次事故不仅让俞永龙失去了全部的积蓄,更让他失去了多年建立起的客户信任。惨败的俞永龙只得收拾行李,离开了上海,前往天津投奔亲戚。

　　来到天津后,在亲戚的介绍下,俞永龙干起了废旧品回收的工作。他每天的工作就是骑着三轮车,把工厂中可回收的纸箱、木材、塑料等物资运到废品回收站。俞永龙说:"我还记得第一次拉了一车的纸箱,赚了 20 元钱。那天特别热,拿到钱后我和老婆一人买了一根冰棍,我告诉自己,以后又可以吃饱饭了。"

　　面对新的工作,俞永龙的策略依旧是用信用和诚恳来打动客户。"我在废品重量上不搞偷手,与客户谈定的价格就一定认真执行。废品回收市场价格波动很快,有时候会遇到高价回收低价出售的情况,但是只要在约定的期限内,我都会按照约定价格来回收废品。另外,我和工厂的负责人关系搞得也很好,不忙时就在库房帮忙搬东西、做卫生。我多付出点,对方才能慢慢地信任我。"俞永龙说。

2008年,席卷全球的金融危机造成国际大宗商品价格暴跌,废品价格也随之下降。废品回收的利润空间减少,很多人退出了这个行业,俞永龙却决定赌一次。他动用了自己所有的人脉资源,终于得到了独自承担一家汽车零部件企业废品回收的业务。他说:"按照我承诺的回收价格,几个月我就会赔光积蓄,但是我还是下决心搏一次。"

在全球各国货币政策、财政政策的大力刺激下,原油价格自2009年开始反弹,俞永龙废品回收的利润空间也恢复到正常的水平。又因为正好赶上中国汽车行业的快速发展期,汽车零部件商的产能在几年内不断扩大,俞永龙可回收的废品规模也随之增加。第二次创业的俞永龙走上了正轨。

可是,这样的"好日子"并不长久。2014年之后,国际油价再次大幅度下降。俞永龙所有回收的废品中有大量的淘汰托盘,此类托盘主要成分为聚乙烯和聚丙烯,其回收价格直接与原油价格挂钩。因为原油价格下跌,这些淘汰托盘也不断贬值,俞永龙只好放缓了向下游出售废品的速度,期望原油价格能够如2009年般快速反弹。但是,造成此轮原油价格下跌的动力主要来自美国页岩气革命带来的供给增加,原油价格此后呈现稳步下降的走势。

手头积压了大量淘汰托盘的俞永龙又一次遭遇了事业的危机。俞永龙说："市场价格不断下跌，我库存的托盘数量却不断上升，手头的现金流越来越紧张。那时候看着整个仓库的废旧托盘，急得睡不着觉。"为了能够寻找到更高价格的买家，俞永龙开始直接联系托盘制造商，希望对方能够回收废旧托盘来做原材料。

因为废旧托盘需要经过分类、清洗、打粒等多个工序才能再次利用，所以制造商一般都不会直接购买废旧托盘用作原材料。但是一位厂长向俞永龙咨询，既然他的客户淘汰大量托盘，那么工厂一定有新托盘的购买需求，是否可以帮助向厂商出售托盘产品。来自托盘厂商的咨询启发了俞永龙，他开始与客户协商托盘"以旧换新"的可能性。工厂方表示如果俞永龙能够提供与目前供应商同质、同价的托盘产品，则可以获得托盘采购订单。

于是，俞永龙将库存的淘汰托盘提供给聚乙烯粒加工商，并以折扣价格获得聚乙烯粒原料。获得低成本的原材料后，俞永龙再与托盘制造商签订来料加工合同，生产工厂需要的各类托盘。通过打通废品回收到再利用产业链的下游环节，俞永龙扩大了利润空间，积压在手的大量废旧托盘也逐渐被消化。

尝到了新业务"甜头"的俞永龙开始接触各类有托盘需求的企业，从汽车零部件厂、医疗设备生产商到食品厂、物流企业等，凡是涉及物流托盘使用的企业，都成了他新的目标客户。既有多年开发新客户的经验，又可以提供托盘以旧换新的业务模式，俞永龙很快就开拓了新客户，订单数量猛增。

2014年，中国汽车制造业迎来了"井喷式"增长，零部件生产商对各类托盘的需求随之猛增。随着客户与订单数量的增加，利用外包模式生产的弊端逐渐显现出来。"第一个难题是代工厂产品的质量。塑料制品看似制作简单、技术含量低，但是其对质量的要求极高。产品的承重能力、设计细节等都需要做到精细，若质量出现问题，则可能导致客户货物运输途中的巨大损失。以代工形式生产，很难保证产品质量的稳定。第二个难题是新产品的设计。当客户提出新需求时，模具的设计、制造和试生产都需要花费相当的时间与成本，代工厂商往往不愿接受新产品的设计开发工作。第三个难题是生产时间的控制。代工厂工期安排往往是以产品利润率为先导，有限的产能用来优先生产利润率最高的产品，加工订单被延误的风险很大。"俞永龙说道。

经过长时间的思考，俞永龙决定放弃代加工模式，自己建厂生产托盘。他拿出了几年里赚取的全部利润，在天津市静海区租用了厂房，并以几百万的价格购入了自动化程度很高的生产设备，成了托盘生产商。建厂之前，俞永龙咨询了多位从事托盘生产的创业者，希望了解更多企业经营的经验。他得到的最多建议是：雇用员工时一定要谨慎。

俞永龙说："我咨询了天津市、河北省的多位企业主，想了解些企业经营管理的经验。他们都告诉我，雇用正式员工要谨慎，不要盲目增加员工数量，以降低企业运营的成本和风险。一个朋友的企业里，雇用了一个销售员。这个销售员在试用期和工作前3年都表现得很正常，现在和企业签订了无固定期限的雇用合同。签订了无固定期限合同后，这个员工的工作状态就改变了。他每天按时上班，在办公室上网、打游戏、发呆，然后按时下班，一整年都没开拓一个新客户。虽然这样的例子是个别情况，但对我的借鉴意义还是很大的。"

　　所以，俞永龙从建厂之初，就以"灵活用工"的方式来组织工人。他与多家劳务中介公司建立了合作关系，根据产量从中介公司"借用"员工。"2018年生意好的时候，每天大概要用20多个工人，一个月开工20天以上。2019年开始，华北地区的托盘需求量下降，工厂大约会开工15天左右，每天雇用10个工人。2020年，托盘的需求进一步下降，近期的开工天数维持在每月10天左右，每天只需要3~5个工人。如果换成是2018年，我肯定没时间接受你的调研项目。今年比较闲，有时间。"俞永龙苦笑道。

　　因为采用了"灵活用工"的方式，俞永龙的用工成本随着停产而下降，没有对企业造成过多的负担。但是，这种"灵活用工"的负面影响，也是显而易见的。俞永龙说："因为工人都是劳务中介公司派遣到企业的，所以我们企业就没有熟练工，工人的工作效率较低，并且无法完成技术含量高的工作。所以我只能购买自动化程度更高的设备，来解决这个问题。"

而且，只要企业开工生产，俞永龙就要全程在车间盯守，以应对各种可能出现的问题。俞永龙说："设备调试、机械故障等都是日常生产中会出现的问题，因为没有固定员工，这些问题只能靠我自己来应对、解决。所以，我完全被'拴死'在车间，特别地疲劳。现在开工率降低了，我又要想办法去开发新客户，感觉更累了。"

成为托盘制造商后，俞永龙将企业注册到清联平台，并委托清联协助完成代理记账、报税等工作。2016年，俞永龙从一家上游企业购入了大量的聚乙烯原料用于生产。当对方提供增值税发票后，清联的工作人员发现供货商收款的企业名称与发票信息不符，建议俞永龙向对方索要符合规定的增值税发票或终止本次采购业务。但是，抱有侥幸心理的俞永龙并未听从清联员工的建议。2019年，税务稽查部门找到俞永龙，指出其2016年进行抵扣的增值税发票涉及一起虚开增值税发票案件。经过调查，俞永龙有真实的购买行为，并不构成恶意接受虚开增值税发票的行为，但是其依旧需要补交所抵扣的增值税税款和3年滞纳金。俞永龙说："补交的增值税3万多、滞纳金1万多，一共补交了近5万的税金，如果当时我听从专业财务人员的建议就好了。现在国家对企业增值税的管理越来越严格、规范，企业必须有专业的财务人员来完成各项财务工作。像我这样的小企业，委托清联代理记账和报税是很划算的选择。只可惜当时存在侥幸心理，没有听从专业人士的建议，交了这么贵的学费。你们写创业案例，要把我的教训告诉更多的创业者。千万不要抱有侥幸心理,不要犯和我一样的错误。"

当被问到2020年企业的发展情况,俞永龙说:"今年的情况对企业的影响还是挺大的,第一个影响是产品的市场需求。我们最主要的客户是汽车零部件厂商,中国汽车行业发展在2019年就开始明显降速,所以托盘产品去年就已经出现需求减少的情况。今年,国外的情况使得大量零部件无法进口到中国,中国厂商的生产受到影响,对我们产品的需求也随之降低。我们这样的一个小企业,也已经融入了世界产业链分工的布局,无法独善其身。"

产品需求降低、客户付款周期变长,这些因素都导致了企业资金流的紧张。当被问到民营企业融资情况时,俞永龙表示虽然融资难问题依旧存在,但是2020年还是发生了一些好的变化。他说:"中小民营企业融资难是老问题,我以前基本都无法获得银行贷款,遇到资金紧张的情况,主要靠亲戚和朋友帮忙。不过今年融资环境有了些改善,清联协助我们从银行申请了'税务贷',年利率水平只有4%左右。"

清联的市场部经理杨佳对笔者说:"清联作为从事集群注册、代理记账、税务服务等业务的服务型企业,能够更及时地把握政府、金融机构的各类政策信息。所以,当出现适用于民营企业的政策时,清联会协助企业办理申请资助、奖励、贷款等业务。2020年春,多家银行推出了扶持民营中小企业的贷款项目,清联汇总了各家银行的最新政策,根据客户的经营情况,协助企业申请贷款资金。优联惠品就是在清联的帮助下,顺利申请到银行'税务贷'融资的企业之一。"

顺利得到"税务贷"的低息融资,确实缓解了俞永龙周转资金紧缺的燃眉之急,但是有限的贷款额度并不足以满足企业运营的需求。俞永龙说:"4月国外疫情严重,原油价格出现了一次暴跌,我所需的原材料价格也大幅下降。我计划低价多采购一些原料,以备日后的生产,可惜无法获得银行融资,只能以年息13%左右的成本从朋友处借款,购买了一些原料。总体来看,民营企业的融资成本还是很高。如果各方一起努力,继续降低融资成本,民营企业的活力还能进一步释放。"

俞永龙认为,第二个限制民营企业发展的瓶颈是"过度"保护被雇用者的一些要求。俞永龙说:"企业主观上愿意与员工形成长期的雇用关系,这样可以培养技术骨干,对企业的发展有利。但是,若出现了劳动者消极怠工却又无法解雇的情况,会对企业造成极大的负担,也直接影响企业其他员工的士气。对于很多小企业而言,在没有专业法律人士帮助的情况下,在劳动仲裁环节中处于很被动的地位。所以我们不得已通过从劳务中介派遣员工的方式,以增加企业雇用员工的弹性。这样虽然降低了企业的运营风险,却限制了企业的发展,只是一种权宜之计。"

当谈到对未来的展望时,俞永龙带着笔者参观了正在建设中的新厂房。俞永龙介绍说："2019年，我和朋友决定共同出资扩大生产规模，进入汽车、医疗机械等塑料配件生产领域。2020年确实对我们新厂房建设进度和未来企业发展的预期有一定的负面影响，但是我对于中国经济未来发展的信心并没有改变。新厂房估计2020年的秋天就能正式启用，到时我也会有更正式的办公室了，你再来调研时条件就会好很多了。"

当下，有着无数俞永龙这类的创业者。他们出身草根，贫穷的幼儿时代培养了他们吃苦耐劳的性格。随着中国改革开放的推进，他们迎来了改变自己命运的机会，也和中国一起迈进了全球产业链的大潮。国内、国际环境的变化，直接影响着这些中小创业企业的经营状况。

他们就像小草一样，经历过经济的春天和冬天。现在，他们正在寒冬中等待下一个春天的到来。

为理想而奋斗的设计师

——峰阁空间装饰设计（天津）有限公司

    赵宾出生于1980年，已经进入不惑之年的他有两个不同的身份。他既是一家大学设计专业的教师，又是多家设计、广告、装修公司的创始人。用他自己的话说："我是能上讲台，能下工地的全能型'幸存者'。"

    1999年，赵宾以优异的成绩考入天津大学环境工程系，大学期间他还辅修了机电工程专业的课程，并顺利拿到了"双学位"。赵宾形容自己的大学生活是"上不完的课"和"做不完的图"。赵宾说："从小父母就告诉我，学会数理化走遍天下都不怕，所以我选的专业都是技术性强的，这都是受到父母的影响。"

    2003年赵宾大学毕业后直升了天津大学环境工程系的研究生，其间他在一家设计院实习了近1年的时间。赵宾说那段经历很简单，就是不停地工作，他说："那时候研究生很少，我因为专业能力强，很快就被实习单位委以重任。每天作图到深夜，经常就在办公室睡了。早上起来洗个脸，接着干活。"虽然实习单位极力挽留，但是超高强度的实习状态让赵宾对设计工作产生了厌倦，研究生毕业后他拒绝了实习单位的邀请，决定到上海谋求发展。

到上海后,赵宾很快进入了知名电机制造企业——安川电机(中国)有限公司(简称安川电机)工作。"因为我在大学辅修了机电工程,所以就被安川电机录用了。我还是走的技术型路线,只不过从设计师变成了工程师。"赵宾说。

赵宾在安川电机工作了3年,因为主要负责港口、码头的项目,几年间他走遍了中国东部所有的重要港口。那段时间恰逢中国加入WTO(世贸组织)后对外贸易井喷式增长,国内各港口都处于快速建设期,赵宾见证了中国崛起为世界贸易强国的全过程。

2009年,在上海工作顺风顺水的赵宾走到人生关键的十字路口。作为独生子女,不得不面对未来父母养老与自己事业之间的矛盾。经过痛苦的思想斗争,他最终决定回到天津,回到父母身边。

回到天津的赵宾因为兼具学历和社会工作经验的优势,马上被一所大学相中,成了一名大学教师。赵宾笑着对笔者说:"我又转回到环境工程专业,干起了老本行。"刚刚回到天津的那几年是赵宾最轻松快乐的时光,每天看书、教学、运动,假期和妻子一起旅游、看展览。2013年他们的女儿出生,赵宾成了一名父亲。

随着孩子长大,赵宾仅70余平方米的婚房已经不能满足一家人的生活需求,2015年7月,赵宾买下了一套110多平方米的新房以改善居住条件。赵宾说道:"这套新房要满足我们一家三口的日常生活，还要兼顾到双方老人帮忙照顾孩子的情况，更要考虑到未来我们的养老责任。我自己就是教设计的老师，我必须做出最具有'人文关怀'的设计，还要把设计全部转化成装修的成果。"

那段时间，新家的设计和装修工作就成为赵宾的全部。他和妻子、父母沟通各种未来房屋居住和使用的细节后，设计室内布局图、画效果图，力求从每一个细节展现他对生活的理解和设计师的人文情怀。在和妻子一起无数次的修改后，设计方案终于定稿，他又依据设计方案完成了水电布局和施工图，开始了房屋的装修工程。工程开始后，赵宾每天穿梭于装饰城和施工现场之间，这时他才发现自己精心设计的图纸在实施阶段遭遇了新的问题。

就拿最简单的地面瓷砖来说，教授了几年设计的赵宾在装修时第一次知道瓷砖的搬运是要收费的，而且是按照数量、重量、楼层等因素收取不同的费用。如果请施工队搬运，需要付费的同时整体施工进度也会相应延后。赵宾说："书本上写了太多的理论，而实际装修中遇到的问题却很少涉及。这次家庭装修让我知道，我必须积累更多的'实战经验'，才能培养出了解现实的学生。"

新家入驻后，所有前来做客的亲朋好友们都对赵宾的设计、装修给予了高度的认可。赵宾将自己的专业知识与实践经验与他人分享的决心更大了。2015年底，赵宾在淘宝网上注册了店铺,准备承接室内设计服务。就在赵宾刚刚完成网上店铺注册还在不断丰富内容时,他就接到了一个订单。一对买了一套约120平方米的复式房的年轻夫妇联系到赵宾,希望他能提供设计和施工的方案。

赵宾完成现场测量后,和这对夫妇进行了多次沟通,最终确定出一套"非常规"的设计方案。赵宾放弃了传统客厅中"茶几+沙发+电视"的搭配组合,将一楼设计为集餐厅、会客厅、读书角和家庭影院于一身的开放空间。这样的设计得到了客户极大的认可,赵宾成功完成了创业第一单。

在获得了4000元的设计费后,赵宾改变了一直以来对设计工作的看法。他说:"以前上学和实习时,做设计就是画图。后来教书后,就是教学生画图。直到自己开始真正面对客户做设计,通过与客户的沟通,理解客户的需求,并最终呈现客户满意的方案,我终于找到了作为一名设计师的价值和成就感。"

既能实现自身的价值,又能通过努力获得收入,赵宾决定加大对自己设计事业的投入。他马上在知名设计信息发布平台"土巴兔"上注册了会员,并交纳了6000元的年费,成了VIP会员。随着宣传的增加,赵宾的客户也开始不断增多,他的知名度也随之上升。

2016年初,赵宾承接了天津市一家书店的设计工作。这是天津市第一家以"亲子互动阅读"为主题的书店,经营者希望为儿童、家长打造一个优秀的阅读空间。赵宾团队与经营者进行了长时间的沟通、交流后,提出了打造"阅读森林"的设计方案。赵宾的合作伙伴陈磊负责书店的整体设计,在书店二层共享阅读空间中制作了5棵"阅读树",孩子和家长们可以围坐在大树旁阅读。陈磊还和施工团队一起动手制作了一辆小火车,让孩子们可以坐着火车在树与树之间穿梭,就像是在知识的森林里遨游。"阅读森林"旁还设置了一个"小舞台",孩子们可以登上舞台给家长们讲故事、谈读书体会,把自己阅读的快乐分享给大家。陈磊的设计方案得到了客户的高度认可,书店项目的成功增强了赵宾团队的信心。

2016年7月,赵宾与合作伙伴们决定成立"峰阁空间装饰设计(天津)有限公司",由个人工作室向公司化方向发展。为了减轻运营公司的成本和压力,赵宾将公司注册在清联平台上,并请清联来负责公司财务记账的工作。赵宾说:"公司成立初期,我只是把注册与记账业务委托给清联,每个月自己去税务局报税。因为我觉得公司财务记账这样的专业工作我们不擅长,报税这样跑腿的工作,还是自己做更省钱。"不过随着公司业务的扩大,赵宾的工作量和压力也随之增加,每月报税的工作逐渐成为负担。在一次报税中,赵宾为了节省时间把车停在了路边,报税后发现因为违章停车被贴了罚单。赵宾说:"我原本是为了节省一个月几百元的费用而自己报税的,随着公司运营压力的增加,我发现自已处理这些事情的时间成本越来越大。有时候在行政许可大厅办理业务，只是排队就要花费一个多小时，处理完业务，半天时间就过去了。如果再遇到违章停车被罚的事情，那真是得不偿失。后来，我将公司各类申报的工作也委托给清联来负责，让专业机构来协助我完成这些工作，自己便可以从烦琐的事务中解脱出来，集中精力和客户沟通，做好企业。"

随着公司参与项目的增多，赵宾又找到了拓展新业务的可能性。他发现，一些中小型企业客户在进行公司设计、装修时，还对企业的CI（企业形象识别系统）、VI（视觉识别系统）、SI（企业终端形象识别系统）有着很强的设计需求。因为在企业办公场所的设计过程中已经与企业经营者有了很深的沟通，甚至已经帮助企业实现了橱窗、标识牌等视觉识别系统的设计，所以赵宾可以更便利地为企业提供全套视觉、形象识别系统的服务。

2017年3月，赵宾与合伙人又成立了主营业务为广告设计的花渔文化传播（天津）有限公司，承接各种广告、平面设计等业务。花渔文化刚刚成立，就接到了天津泰达集团委托的设计项目。因为峰阁设计之前曾为泰达集团设计、装修了多个售楼处和样板间，对泰达集团的设计理念和风格已经有了深入的了解，泰达集团对赵宾团队的设计效果十分满意，决定由其完成集团CI、SI系统的设计工作。

除了商业项目之外,花渔文化与天津市河东区春华街、南开区向阳街等多个社区服务中心建立了合作,为社区服务中心提供全方位的设计服务。通过花渔文化的设计,这些社区的服务中心都建成了各具特色的党建文化墙。通过将先进的视觉设计理念融入社区党建工作之中,党建文化墙从美观和内容方面给予了社区居民双重的营养,党建工作的效果得以大大提升。合伙人陈磊说:"经营理念是需要通过实践来展现的,而设计工作是将理念与实践对接的桥梁。比如社区服务中心的项目,中心负责人希望为居民提供'亲民式'服务,全面提升公共管理水平。我们在设计环节时精心考虑了各处休息区的位置,不同地方桌椅的高度、颜色、款式都做了精心的安排。这些细节都能为中心以后的运营提供更好的支持,为中心实现自己的服务理念提供环境基础。"

花渔文化填补了峰阁设计业务范围的局限,扩大了赵宾团队业务的范围,是赵宾横向扩大经营范围的一次突破。在赵宾的精心经营下,两家企业的客户共享率已经接近5成。花渔文化的成立,为赵宾扩展客户群体提供了更多的可能性,但随着承接客户项目的不断增多,另一个一直困扰赵宾的问题就变得越来越严重了。

例如在一次企业办公室设计、装修工程中,客户希望在办公室中加入一个"小剧场",为员工创造更舒适的办公环境。赵宾设计了木质吊顶来装饰小剧场,但是施工队以施工难度大为理由拒绝合作。经过赵宾不断的协调和沟通,最终施工队才完成装修工作,但是项目工期却被拖延。

赵宾说:"对于一个真正的设计师而言,项目最终呈现的状态才是我们追求的目标。所谓的设计理念、人文关怀如果没有得到最终的呈现,都没有真正的意义。优秀的设计师不能只是纸上谈兵,画出'高大上'的图纸,而是要结合实际中的新材料、新方法来完成作品。"但是,在现实中设计师大多情况下都只是与施工方合作,对施工方没有指挥、管理的权力,这使得施工方成为决定项目最终呈现的主要决定因素。

2017年7月,赵宾决定成立西元装饰设计工程(天津)有限公司,组建属于自己的施工团队。赵宾此时所遭遇的问题,正是众多经济学家们一直探讨的问题——"市场"和"计划"的边界到底在哪里?早在20世纪初,还是青年的科斯就发现,"自由市场"中存在着无数的"计划主体"——企业。如果自由市场是万能的,那么以计划、管理、控制为主要目标的企业则不会广泛存在;而如果计划是有效的,那么优秀的企业应该越做越大,并最终延伸到产业链所有环节。但是,两种极端的情况都并未出现,科斯由此写出了《企业的性质》一书,并创造了"交易成本"的概念。

利用交易成本的概念,我们就可以理解赵宾当时面对的"两难"局面。设计公司向市场"采购"施工服务时,全面了解施工方的技术能力、执行能力和信用等信息需要花费大量的时间成本，但是企业也无须支付维持施工队伍的大量人工成本；自己成立企业进行施工，可以确保设计方案保质保量地实施，但却不得不承担施工队伍培训和劳务的全部支出。对于绝大多数小型创业企业而言，选择更小的企业规模、更低的固定成本支出往往是更安全的方案，但这样的方案则是以牺牲效率、降低质量控制为代价的。这个局面困扰了赵宾一年之久，最终他选择了向下游延伸，自己组建施工队伍的方案。

"成本更高了，风险更大了，但是我们的设计方案可以做到100%实现了。用我的压力换客户的轻松，用我的失眠换客户的好梦，我觉得这一步走得值！"赵宾说。

西元的成立，让赵宾对下游施工环节的质量管理有了更强的把控能力，各种作品最终呈现的质量也明显提升。优质的设计成果为赵宾带来了良好的市场口碑，很多老客户会主动为赵宾介绍新项目，赵宾的客户也从个人、企业延伸到政府机构、景区等更多元的项目主体。

项目数量增多后，赵宾团队开始主动放弃一部分项目，以便可以更好地为客户提供服务。陈磊说："天津设计市场的理念相对于北上广深等一线城市而言，大概落后2~3年。作为设计师，我们希望为客户提供最新颖、最具时代性的服务。所以，我们现在主要选择那些能够接受设计师最新理念的客户，为他们提供更优质的服务。在很多商业项目中,设计师对空间布局的设计直接与客户未来经营的方向相关,设计师如果无法与客户形成设计理念的共识,项目的进展会非常困难。我们现在会选择主动放弃这类客户,避免在项目进展过程中因理念不同而引起沟通不畅或进度受阻的情况。"

几年辛勤的努力让赵宾团队取得了市场的认可,他的事业也不断发展、扩大。不过,2020年,大量原定于春节后开工的项目无法顺利复工,公司的业务处于全面停摆的状态。这样的局面使得企业的现金流出现了"危机",他急需资金来维持企业的日常运转。可惜的是,因为缺少抵押与担保,企业无法获得银行授信,赵宾只得通过民间借贷的方式为企业补血。

2020年5月,赵宾以年息6%的成本,从清联平台获得了30万元的借款,资金短缺的困境得到了解决。赵宾说:"银行贷款手续烦琐,我符合银行各项的资质要求,但是办理了1个月,还没有拿到贷款。因为急需资金发放工资和周转,我找到清联希望他们能提供资金支持。清联提出的6%利息率远远低于各类民间借贷平台的利息率,对我没有产生过大的成本压力。"清联创始人张翼对笔者说:"因为长期为赵宾的企业提供财务、报税等工作,所以清联对企业运营的情况非常了解。赵宾企业资金流紧张的主要原因是2020年项目回款不畅所导致的,公司运营状况很好。当赵宾提出借款要求后,清联决定为其提供信贷支持,以帮助企业渡过难关。对于其他一些受影响出现短期资金紧缺的企业,我们也给予了一定的帮助。我们与银行积极协商,希望能够为平台注册企业提供更大力度的贷款支持。"

进入到2020年夏天,随着复工复产,全国经济走入了快速复苏的阶段。峰阁设计的业务也基本恢复到之前的水平,赵宾又开始忙碌起来。

通过长时间的调研与沟通,笔者感受到了赵宾团队对于设计的热情和执着。这是一群有理想的设计师,这是一群为理想而奋斗的设计师。

传播爱的教育者
——"非暴力沟通"工作室

　　林铁出生于辽宁铁岭,20世纪90年代大学毕业后进入辽宁广播电台成了一名主持人。林铁进入职场时正是辽宁体育的巅峰时刻,辽宁足球队刚刚在1990~1992年夺取联赛三连冠,缔造了中国职业足球史上的第一个"王朝"。年轻的林铁也是干劲十足,仅仅1年多的时间就成了辽宁省颇有名气的主持人,并在1997年被辽宁省体育记者协会评选为辽宁省"十大体育记者"。

　　年纪轻轻就在工作中取得了如此成绩的林铁并没有躺在荣誉上享受,随着接触到的人越来越多,眼界越来越开阔,他开始认识到自己能力的不足。这时,互联网已经进入中国,林铁意识到一场巨大的变革正在发生,自己的能力急需提升。于是,他辞去了辽宁电台的工作,远赴英国留学。

　　2004年,学成归来的林铁来到天津,加入了天津电视台,成了一名新闻评论节目主持人。既有丰富的主持经验又眉清目秀的林铁马上在电视媒体上再次获得了成功,仅仅几年的时间他就成为天津颇具影响力的主持人,并获得了中国新闻奖(电视访谈奖)。从体育节目到新闻评论,工作内容的变化让林铁接触到了社会生活的更多领域,他对于社会、人、生活的思考也不断地深入。

这样的思考让一直都爱读书的林铁更加投入到书籍的海洋中,他希望通过阅读更多人的观点,来解答自己的迷惑。2009年,林铁阅读了马歇尔·卢森堡博士的《非暴力沟通》一书,这本研究沟通问题的专著给了林铁极大的启发。林铁说:"我发现卢森堡博士敏锐而深刻地指出了人与人相处中经常出现的问题,并且告诉了我们解决问题的方法。"

之后,林铁开始运用《非暴力沟通》一书中的理念去观察生活、自我思考和与人沟通,这些理念帮助他更客观地面对世界,与人相处时更有温度,更容易互相理解,同时也更容易达成共识和提高效率。到了2016年,已经深深受益于"非暴力沟通"方法的林铁开始思考如何将这种沟通方法向更多人推广。为了开阔视野,林铁特意参加了其他非暴力沟通老师的课程,获得信心后,他决定自己在天津进行非暴力沟通的推广。

为了推广"非暴力沟通"培训,林铁首先举办了一期免费读书会。他利用自己常年在读书会参与、组织活动的经历,举办了一个为期13周的"非暴力沟通"读书会,为参与活动的书友导读《非暴力沟通》一书。这次读书会十分成功,13周的时间内没有一位书友退出活动。这次读书交流活动中,林铁印象最为深刻的是一位45岁中年人所发生的改变。

这位中年男人是一家民营企业的创始人,白手起家的他认为坦诚、直接的沟通是最有效率的。但是,当企业规模不断扩大、身价不断提升时,他越来越感到既没有从企业员工中得到尊重,也没有从家人处得到理解,事业和家庭同时遭遇了危机。这个事业有成的男人属于典型的"直男"性格,为人热情、真诚,但却无视他人的感受。他常挂在嘴边的一句话是:"别拿感受说事,感受算个啥啊!"在他的心中,企业员工是"工具"而不是活生生的人;家庭的内核是责任而不是爱。

13周的读书活动中,这位企业家通过与他人的沟通和讨论,逐渐发现了自己的问题,并开始做出改变。每次公司开会,他不再是直奔主题地谈工作、说项目,而是让员工先聊聊近期工作的感受;在家里,他开始能够感受到妻子为家庭付出的辛苦,也会给妻子和孩子一个拥抱。当他开始去体会周围人的感受后,生活发生了转变,员工的工作效率提高了,公司运转流畅了,家庭生活也不再是"一地鸡毛"。

书友的改变激励了林铁,让他看到"非暴力沟通"的力量,更坚定了他推广"非暴力沟通"的决心。这时,一位在大学中工作的朋友主动联系到他。这位朋友了解到林铁培训课程的内容后,认为这样的讲座非常适合大学生群体,希望林铁能够将培训带入校园,让在校大学生也可以了解"非暴力沟通"的内容和方法。

2016年9月,林铁在该大学中开设了为期一学期的"非暴力沟通"全校选修课。林铁对课程进行了特别的设计,以翻转课堂的方式授课,得到了学生的认可与好评。除了学习到沟通理念和方法,学习方式也让大家耳目一新,有学生说:"从来没有以这样的方式上过课,这是自己在多年的求学过程中印象最深的一次,感觉到了自己是被尊重的,也增加了自己的信心。"

2017年4月,林铁在上海参加了非暴力沟通中心认证培训师弗朗索瓦带领的工作坊。在这次学习中,林铁与授课导师在如何"关注感受"上的意见产生了分歧。当林铁和导师讨论这个问题时,导师思考后回答说:"我表达的是我的理解,你有你自己的理解,我很尊重你的观点。"林铁说:"导师并没有过多强调自己的观点,也没有否定我的观点。这让我感受到他极强的包容性和接纳性,这对我有很大的触动。"

2017年5月,刚刚从上海"充电"回津的林铁接到了一位教育局友人的邀请。这位朋友就职于天津市某区的教育局,主要负责幼儿园、小学教师培训的工作。他认为"非暴力沟通"的方法对教师实际工作的指导意义很大,可以提高教师的沟通水平。所以,他邀请林铁开办一期针对国办幼儿园教师的培训课程。

参加这次培训的学员是30位幼教工作者,包括幼儿园园长和教师。为期两天的培训结束后,很多园长都表示课程内容对工作的指导意义很大,希望林铁可以为更多的教师提供进一步的培训。2017年8月,教育局利用暑假的机会,再一次委托林铁对40

余位一线教师进行培训。培训之后,林铁收到多位老师的反馈,学习到的内容不仅对工作很有帮助,还让自己在生活中与家人的关系更加融洽。借助良好的口碑,希望参加林铁培训课程的人数不断增加。林铁也在与更多培训参与者不断深入的接触后,更加坚信了自己工作的价值。

2018年,他决定辞去电视台主持人的工作。林铁说:"我辞去电视台的工作可以让我将全部精力都投入到'非暴力沟通'的培训工作之中。过往两年中很多学员通过学习,精神面貌发生了很大的改变,生活和工作更加顺利,与他人相处也更加和谐。这让我备受鼓舞,也看到了自己做这件事的意义,同时我也对自己的能力有足够的信心。"

2018年至2021年,在3年多的时间里,林铁已经举办了50多期"非暴力沟通"的培训班。来参加学习的学员中,有面对管理困境的企业管理者,有无法打开工作局面的企业职员,有在家庭关系中处处碰壁的主妇,也有想提升自身服务能力的政府工作人员。

林铁说:"《非暴力沟通》一书讲述的不仅仅是沟通技巧,它被越来越多的人用于企业管理之中,其中最著名的案例就是微软。萨提亚·纳德拉在2014年接任微软CEO时,微软已经表现出严重的'大企业病'。纳德拉计划用与盖茨和鲍尔默不同的方法来管理公司,以改变公司中的'内斗'文化,提升员工士气。纳德拉成为CEO后的第一个行动,就是要求所有高管人员阅读《非暴力沟通》一书。"

一位在河南郑州某企业工作的员工,慕名来天津参加了林铁的沟通培训课。一期课程结束后,这位员工觉得"意犹未尽",又参加了林铁在烟台的培训。回到工作岗位后,这位员工的工作状态发生了极大的改变。2018年,他与客户签下了一个价值千万元的保险合约,创下了那家公司在河南省的销售纪录。这位员工说:"很多人都认为我是提高了沟通中的'话术'技巧,从而在工作中取得成功的,其实这是对'非暴力沟通'的误解。非暴力沟通中提醒我'关切倾听'和'诚实表达',这让我能够真诚面对客户,最终得到客户的信任。'非暴力沟通'改变了我的内核思考方式,提高了沟通能力只是我内核改变后的一个表现而已。"针对这位银行职员的观点,林铁补充道:"社会上很多人都说'海底捞'无法模仿,其实并不是'海底捞'的操作流程无法模仿,而是海底捞通过同理心改变了员工的内心,从而表现出这样的服务模式。拥有一群能够深刻理解顾客内心感受的员工,是'海底捞'无法被模仿的根本。"

在几年的培训过程中,林铁发现了一个"有趣"的现象。与仅仅派出员工参与培训的企业相比,那些管理者一同参与培训的企业发生了更多良性的改变。林铁说:"在对组织的培训中,很多时候是领导希望员工通过培训得到改变。但实际上,在一个组织中管理者的状态往往起着主导作用。员工学习之后有了改变的意愿和行动,但是面对强势的领导,效果会打很大折扣。相反,如果管理者学习后发生了改变,能够营造出同理心的环境,那员工很容易发生改变。"

作为一名服务型企业的创业者,林铁深知企业信誉的重要。他一方面精心打造课程内容,希望利用学员口碑扩大影响力;另一方面选择与具有市场信誉的机构合作,利用第三方机构的声誉为自己的服务"背书"。2020年,林铁将自己的公司转移至清联平台,并与清联达成了战略合作协议。清联为林铁提供公司注册、代理记账、报税等一系列服务,并向平台注册的企业家们推广"非暴力沟通"的培训内容。林铁则参与到清联"创业者俱乐部"的活动中,为创业者们进行沟通技巧的讲座与培训。

林铁说:"清联已经在天津运转了5年的时间,累计为2500多家企业提供集群注册服务,具有极佳的口碑和服务能力。借助清联的信誉,我可以让更多的企业家了解我的培训工作,这对于公司未来的发展有着极大的作用。同时,作为创业者我也需要专业机构协助我完成公司的日常运转。财务记账、报税、企业年检等事务性的工作会花费创业者大量的时间和精力,之前因为不了解政策,我错过了企业年检,事后花费了很大的精力补救。未来由清联负责企业的运转,我就可以轻装上阵,将全部精力都投入到'非暴力沟通'的培训工作之中。"

在这次创业案例的调研过程中,让笔者印象最为深刻的是旁观林铁培训时发生的一个细节。在培训中，一位学员与搭档练习时解决了一个关于家庭问题的困惑。在分享环节，她说："林老师，我想分享一下我刚才的收获。"然后她又刻意加了一句："不过这个我不是跟你学到的，是在练习时我自己想到的。"林铁在听完她讲出自己的收获后，说："祝贺你自己找到了答案！"

在林铁看来，通过打压别人的力量感来获得自己的力量感，是现代人际沟通中经常会出现的一种"异化"的沟通状态。这个学员的表现，就是希望弱化训练的效果，来展现自己的力量。林铁则是希望学员能够在找到自我力量感后，最后能跳出这个状态，以更加开放、自信的态度去生活与沟通。林铁说："有一种存在感，是帮别人找到存在感。"这正是林铁想做和正在做的事情。

美国作家塞林格的《麦田守望者》一书中，主人公霍尔顿曾说过："我就在那混账的悬崖边。我的职务是在那儿守望，要是有哪个孩子往悬崖边奔来，我就把他捉住。"

霍尔顿并没有找到捉住那些孩子的方法，而林铁找到了。

陪伴"星星的孩子们"

——天津布瑞林特教育科技有限公司

2015年7月,张苏眷成立了天津布瑞林特教育科技有限公司,开始了自己的创业之路。

在创业之前,张苏眷曾在上海一家汽车贸易企业做大区经理,年薪达到50万元以上。2008年,怀上了宝宝的她辞去工作,做了一名全职妈妈。2013年,在儿子进入幼儿园后,张苏眷有了更多的空闲时间,她决定重返职场。丰富的职场经验帮助张苏眷很快找到了新岗位,一家国际零售业巨头企业聘请她担任会员卡部经理,管理天津市6家门店的会员卡业务。不过,新单位中"派系林立"的环境和激烈的"内部斗争"让张苏眷很快对新工作失去了热情,她再次辞去了工作。

辞职后的张苏眷对于未来职业的规划产生了变化,她说:"我再次回归职场的目的并不是为了高额的薪金,能够发挥自己的能力、体现出自身价值才是我真正的需求。所以大企业、管理岗位这些我曾经很在意的要素已经不那么重要了,我想要的是被社会、被他人需要的感觉。当然,工作最好还能具有些弹性,离家近一些,我可以有更多的时间来照顾孩子。"

经过再三选择,张苏眷最终决定加入一家从事乐高积木培训的教育机构,成了一名乐高培训教师。在职场中历练出的学习能力让张苏眷迅速掌握了乐高的教育体系、授课内容与方法,丰富的育儿经验又使得她能顺畅与孩子和家长沟通,准确把握他们的需求。仅仅1年的时间,张苏眷就成了机构中最受家长与孩子们欢迎的教师和机构的"王牌"培训师。

得到学生和家长的认可,让张苏眷在事业上获得了久违的成就感,而在另一个舞台上,张苏眷也找到了自己的人生价值。2013年,张苏眷在外出购物时偶然看到了天津本地一家公益组织——"藏十年"的公益宣传照,她瞬间被照片中藏族小女孩渴望读书的眼神所打动。随后,张苏眷联系到"藏十年"的发起人,加入了该公益组织。之后的日子里,张苏眷在业余时间里参加了"藏十年"在天津举办的义卖、小志愿者服务社会等公益活动。2014年,她与"藏十年"的几名成员一起,将募集到的投影仪、书籍、衣物等物资捐赠到西藏那曲市的文布南村小学。张苏眷说:"那是我人生中第一次走进西藏,对西藏农村儿童的生活状态有了直观的感受。他们教学的硬件环境比我想象得要好很多,国家投入了巨大的资源为藏区儿童建设了条件很好的学校。但是小学的教师资源确实极其匮乏,一年级至三年级的小学生只有一名教师来教授全部的课程。从那时起我就知道,对藏区志愿帮扶的重点并不是物资捐赠。我们要有更多优秀的志愿者来到藏区,为他们带去更多的关爱、信息和支持。"

为了能够做好公益活动,张苏眷开始自费学习公益管理的课程,并积极参加各类公益沙龙活动。在一次公益沙龙活动中,张苏眷遇到了一位服务自闭症儿童的公益组织创始人。在交流中张苏眷了解到,如果自闭症儿童在学前能够接受良好的康复训练,他们的病情将会得到很大的改善,很多学生还可以升入普通小学完成正常的学习生活。为了了解更多自闭症儿童的状况,张苏眷参观了多家自闭症儿童的教育机构。她发现,自己正在从事的乐高培训非常适合自闭症儿童训练,以帮助他们达到更好的康复效果。

2015 年,张苏眷从就职的培训机构辞职,创立了"天津布瑞林特教育科技有限公司",成了一名创业者。创业之初,张苏眷就将自闭症儿童培训作为公司重要的经营内容,希望为自闭症家庭提供优质的培训课程。但是,张苏眷这样的想法却遭到了一些朋友的反对,甚至有的朋友认为张苏眷这样的服务是"乘人之危","黑心"去赚病人的钱。

对于这样的质疑,张苏眷却有自己的看法。她说:"社会中弱势群体存在的问题并不是由我们造成的。就好像病人生病,不是由医生造成的。医生是通过自己的努力为病人提供治愈或缓解痛苦的方法。虽然可以通过公益的方式为弱势群体提供一些帮助,但是这种帮助往往都无法保证持久、稳定和优质,对于弱势群体而言并没有真正的意义。商业活动恰恰解决了公益活动因无法自身'造血'所导致的难以持续的短板。我们向有能力支付培训费用的家庭提供优质的服务,增加自闭症儿童提高能力的可选择项,这并不是乘人之危,而是雪中送炭。"张苏眷的观点与经济学创始人亚当·斯密的观点是一致的。斯密认为基于自由交易的商业活动是增进双方福利的最重要手段,所以"商业是最大的慈善"。

为了能更方便地服务自闭症儿童,张苏眷在自闭症学校旁租下了一栋别墅,作为乐高培训的教室使用。虽然已经获得了很多学生和家长的认可,但是2015年加入张苏眷乐高培训课程的学生数量仅有30人左右。这样的学生规模连别墅1年20多万的房租成本都无法覆盖,为了维持公司的运转,张苏眷只得承接一些机构的商业合作项目以增加收入。她说:"一些房地产公司会在售楼中心里设置亲子区,还有一些卖场也会在促销活动日布置儿童活动区。我就为这些机构客户提供各种乐高模型,或是布置儿童活动区。这样的商业合作项目帮助我在创业初期获得了一些收入,我的培训中心才得以生存。"

培训课程开始后,张苏眷遇到了很多难题。一些自闭症学生有严重的语言障碍问题,他们有的沉默不语,有的无法表达自己的想法,还有的无法理解老师的话。一些学生因为无法像正常人那样理解场景的差异,会做出很多奇怪的行为。比如他们会在教室中跑来跑去,在墙上、地上画画,甚至在教室里小便。一些学生会刻板重复某一个行为,比如在座位上不停地跺脚、敲击桌面或"蝴蝶手"。这些自闭症典型的症状都是张苏眷在培训正常儿童时没有遇到过的状况,她说:"自闭症儿童的表现往往因人而异,在这个群体中有一句很经典的话:'如果你认识了一个自闭症儿童,那么你就只认识了一个自闭症儿童'。"

虽然给自闭症儿童授课的难度超过了开始的预期,但这些困难并没有让张苏眷退缩。她根据培训课中出现的问题,迅速对课程的内容、授课方式等做出了调整。首先,张苏眷提高了培训班的"师生比"。现行的乐高培训课,一般采取每班6~8人的"小班制"教学模式。考虑到自闭症儿童语言和沟通障碍的情况,张苏眷一面在每班中增加了一名授课教师,一面将学生人数限制在6人之内,将师生比例提高到了1:3的水平。其次,张苏眷带领教师们学习了更多的自闭症相关知识。她邀请多家自闭症托管机构的教师对员工进行培训,让员工了解更多自闭症儿童的知识,增加员工对各种突发情况的应对策略。最后,张苏眷加大了家长的参与程度。她在每次课后都会让家长走进课堂,参观学生每节课的成果,让家长参与到鼓励自闭症孩子的过程中。并且通过家长对乐高训练了解的增多,促进自闭症儿童在家庭环境中接受更多的训练。

通过不断的调整,张苏眷自闭症儿童的培训课程逐渐步入正轨,自闭症儿童们接受培训后都出现了明显的改善。在接受了半年的训练后，一些孩子可以在授课期间全程坐在座位上完成任务，一些孩子会主动与教师和同学打招呼，喊出对方的名字。学生们通过在培训课程中组装各种与日常生活相关的物品，还学习了很多生活常识。他们通过组装汽车，明白了各种交通工具的差异；通过搭建道路系统，懂得了交通信号灯的作用，明白了交通规则；通过组装电器，掌握了各种家用电器的用途。一些训练效果较好的孩子，还能在课堂中通过与道具的结合，扮演售票员、警察、厨师等职业角色。能否完成"角色扮演"是判断自闭症的重要标准，这意味着，一些儿童已经基本恢复到了正常状态，未来可以实现与社会的融合。

良好的培训效果不仅让学生家长们看到了希望，也为张苏眷的培训中心带来了良好的口碑和生源。布瑞林特的学生数量从2015年的30人增长到2017年的100余人，2019年学生规模更是达到200人以上，其中自闭症儿童的比例一直保持在50%以上。

培训需求增加后，张苏眷并没有随之提高课程价格，而依旧将课程单价维持在150元左右。张苏眷说："自闭症并不是疾病，而是一种障碍。所以，自闭症是无法治愈的，只能通过不断的训练来提高自闭症儿童的能力。这使得自闭症家庭需要承担孩子们长期训练的费用，如果价格过高，将会使很多孩子失去训练的机会，错过最佳的训练窗口期。"

张苏眷取得的成绩也得到了天津市政府的认可。2016年，在天津市妇联举办的"创投"大赛中,张苏眷的"快乐的小星星"项目得到了评委们的认可,获得了3万元的创投资金支持。获得政府资助后,张苏眷在1年的时间内与6家自闭症儿童托管机构合作,免费为孩子们提供10期乐高培训课程。创投项目结项后,张苏眷获得了"十大优秀项目"的奖项。

自闭症孩子的进步鼓励了张苏眷,不过她并没有陶醉在成绩簿中,一个更"大胆"的想法开始在她心中萌生。她说:"将恢复效果好的孩子编入正常班,是我培训的最终目标。让自闭症儿童尽快与正常孩子交往,才能帮助他们在未来的生活中与社会融合。"

这是一个风险极大的决策,对于自闭症儿童而言,回归正常群体是他们最好的归宿,但是正常人群体是否愿意接纳他们还是未知数。特别是对于张苏眷而言,家长出资让孩子接受乐高训练,并没有任何协助自闭症儿童改善的义务。如果自闭症儿童在课堂中的表现影响了正常儿童,张苏眷很可能会失去这些宝贵的学生资源,布瑞林特的经营必将受到致命的打击。

但是,这些困难并没有让张苏眷退缩,她说服了同事,开始了"融合教学"的尝试。张苏眷首先要做的是得到正常学生家长们的理解和同意。她找到了最信任自己的几名学生家长,向她们说出了希望将恢复良好的自闭症儿童转入班级一同上课的计划。学生家长们虽然有些顾虑,但也表现出对于张苏眷决定的理解和支持。她们大多表示,只要在安全且不影响自己孩子的授课效果的前提下,愿意接受自闭症儿童进入正常班级上课。为了减少自闭症儿童对授课带来的"不利影响",张苏眷在课堂中增加了一名教师协助。虽然这样做增加了授课成本,但保证了授课质量,自闭症儿童也在正常班中获得了更多的训练机会。

第一个案例的成功让张苏眷看到了推广融合教学的可能性,她逐步将更多进步明显的自闭症儿童转移到正常班级接受培训。从2016年到2019年,共有30名自闭症儿童通过训练转入了正常班级。

自闭症儿童们逐渐好转的状况缓解了家长们的焦虑情绪,他们又向张苏眷提出了新的要求。一些家长为了让孩子可以得到更多的训练课程,让孩子们从学校放学后直接到布瑞林特上乐高训练课。这样,孩子们的晚饭便成了一个问题。一些家长希望张苏眷能够在培训中心提供晚饭服务,以减轻家庭负担。但是考虑到食品安全、卫生许可等多方面的问题,张苏眷一直都拒绝提供晚餐。家长们只得做好晚饭送到培训中心,等孩子们下课后再来接孩子回家。同为母亲的张苏眷非常理解家长们所付出的时间和精力,看着这些已经因自闭症孩子而身心俱疲的家长每天晚上送饭,张苏眷感到很心疼。

随着培训课程逐步进入正轨,张苏眷无法再拒绝家长们的软磨硬泡,开始为晚间上课的几个孩子提供晚餐。孩子们在布瑞林特吃到可口晚餐的消息马上在自闭症学校的家长群里传播,没有在布瑞林特培训的学生家长们也开始联系张苏眷,希望她能为孩子们提供餐饮服务。面对这样的需求,张苏眷十分犹豫。培训中心的课程刚刚进入正轨,庞大的餐饮需求势必会消耗掉张苏眷大量的时间与精力,而且餐饮营业执照的办理又非常烦琐,经营过程中还存在太多无法掌控的风险。

但是,面对学生家长的期望,张苏眷最终决定为学生提供餐饮服务。她说:"作为一名母亲,我知道孩子一日三餐的重要性,也知道做好三餐给家长们带来的压力。如果我能够集中供餐,将会减轻这些自闭症儿童家庭的重压。另外,就餐也是对孩子们的一种训练,有益于自闭症儿童能力的提高。"

2017年,布瑞林特从质量监管部门申请到食品经营许可证,开始向自闭症儿童提供午餐和晚餐的服务,每餐收费12元。为了减少垃圾并训练孩子们的自理能力,张苏眷要求每个订餐的孩子不能使用一次性餐具,必须在入校前将自己的饭盒送到培训中心。张苏眷上午会根据订餐人数去市场采购优质食材,将午餐在培训中心加工后运送到学校。为了改善很多自闭症儿童严重挑食的状态(对某些食物偏执的喜好或厌恶是自闭症的症状之一),张苏眷会将一些食材加工成不同的形状,增加孩子们就餐的兴趣。一位被孩子挑食严重困扰的母亲对张苏眷说,她的孩子订餐后喜欢上了以前一直拒绝的各种菇类,挑食的问题基本得到了解决。

2018年,张苏眷在天津市津南区又租下了一个160平方米的场地,开设了第二所培训机构。到2019年,布瑞林特的全职员工达到了7人。张苏眷还与书法、美术、舞蹈等多位培训教师进行合作,开始为学生提供更加多元化的培训项目。

作为一名女性创业者,几年的创业过程既让张苏眷体会到了实现自身价值的快乐,又让她感受到了兼顾创业者、母亲、女儿、妻子等多个角色的困难。因为创业占用了她大量的时间,张苏眷只能让母亲来帮助她照顾儿子的日常生活。儿子在周末时经常会到培训中心充当"小助教",以便能多与张苏眷相处。张苏眷说:"创业后能够陪伴家人的时间少了很多,这一点我很愧疚。不过孩子通过我的创业项目了解了自闭症儿童的情况,也增加为自闭症儿童服务的机会,这对他未来的成长是很有益的。"

2020年1月末,自闭症学校停止了教学,所有的培训机构都被要求停止线下课程。张苏眷只得暂时关闭了布瑞林特培训中心。2020年3月,因为失去了培训经费收入,布瑞林特出现了财务困难。张苏眷与多家商业银行沟通,希望利用短期贷款度过资金短缺的危机。虽然商业银行向小微企业贷款的意向很强烈,但是布瑞林特很难满足银行提出的全部贷款条件(如纳税额、抵押品、公务员担保等)。最终,张苏眷只得从"微众银行"以日息万分之三的成本贷款4万元,用来发放员工工资。张苏眷说:"2020年2月时,我总是会接到各种商业银行打来的电话,询问我是否需要申请贷款,当时我预计培训中心能在短期内复课,便没有申请贷款。等到我需要贷款并咨询申请细节时,发现小微企业很难满足全部申请条件。微众银行的审批和放款效率更高,但是成本接近年息20%左右。小微企业贷款难的问题显得尤为突出。"

4月时,布瑞林特津南区培训中心需要续交房租。因为迟迟等不到复课的许可,张苏眷最终决定退租,并与无法返津的3名员工解除了劳动合同。张苏眷说:"公司失去了现金流入,只能选择退租和解雇员工,这实在是无奈之举。幸好员工都能够理解我的难处,并未与公司发生劳动纠纷。我认识的一些创业者因为解约与员工产生矛盾,只得通过法律程序解决,创业者的压力进一步增大。"

2020年6月,布瑞林特在南开区的培训中心租约到期,面对不确定因素,张苏眷退掉了租用近5年的别墅,入驻星童自闭症儿童学校。通过与星童自闭症儿童学校培训分成的方式,张苏眷节省了房租成本,使企业运营的风险降到了最低。张苏眷说:"虽然政府对承租公有房产的企业给予了房租优惠,但是私营企业承租公有房产的情况很少,所以需要承担巨大的房租压力。因为无法预测何时可以复工开学,所以我只能通过退租的方式来减少成本,降低运营风险。"

好在张苏眷在注册企业时选择集群注册的方式将企业注册于清联平台,所以退租和变更经营地点并未对布瑞林特的运营产生过多的影响。张苏眷说:"在清联平台注册让我的经营有了更大的灵活性。这次变更经营地点后,我并不需要向税务、工商等部门提交经营地址变更材料,公司也可以向客户正常开具发票,企业运营基本没有受到影响。这极大地减轻了我的压力,让我能够根据外部变化迅速调整经营策略,应对冲击。"

同时,通过对星童学校教师的培训,张苏眷也解决了乐高课程培训教师不足的困难。张苏眷说:"之前我们培养了多位了解自闭症儿童情况的乐高培训师,但是由于疫情的原因,很多培训师一直没有回到天津工作。星童学校有大量了解自闭症儿童的教师,我现在正在培训这些教师,让他们掌握乐高培训的方法,来为自闭症儿童授课。这样的模式既可以降低我雇用教师的成本,又给星童学校的教师培养了新的技能,是最好的'双赢'合作模式。"

除了降低房租和员工成本这些"防御"手段来减少经营风险外,张苏眷主动开发线上教学模式。她委托软件公司开发了线上的乐高培训平台,用户在家就可以完成课程咨询、缴费、选择教师、预约和授课等。因为布瑞林特多年来保持着连续增长的态势,并在2020年开展了线上教学的新模式,清联市场部负责人杨佳建议布瑞林特申报国家高新科技企业。2020年10月起,清联拓展部的工作人员便开始协助张苏眷联系第三方服务机构,整理申请高新科技企业的材料。清联拓展部的李渊翠说:"企业在申请各类政府奖励、资助时,往往会因为没有经验而走很多弯路,花钱多、费时间、效果差是常见的问题。清联拥有多年协助企业申请的经验,了解各类服务机构的情况,可以为企业整合各类最具性价比的第三方服务机构资源。"如果布瑞林特能够被评定为国家高新科技企业,其将获得政府数十万元的资金资助,这对于正在向"线上"培训转型的张苏眷而言将是一次难得的机遇。

与张苏眷见面时,她刚刚完成了在西藏的公益项目返回天津。这次为期20多天的西藏之旅,除了慰问学校等常规公益项目外,她还承接了西藏昌都市丁青县政府的"大学生创业培训"项目。丁青县政府希望张苏眷能够将自己的创业经验更多地分享给西藏地区的大学生,让藏族年轻人了解创业知识,帮助他们寻找到适合自己的创业项目。

巨大的经营压力并没有让张苏眷失去对未来的期待,她所热爱的自闭症儿童培训和援藏公益项目都在有条不紊地推进中。张苏眷说:"在困难中前行是创业者的生活状态,我已经习惯了这样的生活。无法复工对培训、教育产业的负面影响是巨大的,但是我对未来依旧充满信心。我会坚持做下去,因为自闭症儿童需要我们的服务,西藏的孩子也需要我们的助力。"

脸上带着疲惫的张苏眷,眼里闪着光。她知道,有很多孩子需要她,她更渴望看到更多眼里有光的孩子们。

京津冀协同发展践行者

——天津新松智能科技有限公司

1998年，6位年轻人先后从英特尔中国公司辞职，在北京创立了北京三九佳和信息科技发展有限公司（以下简称"三九佳和"）。三九佳和的6位年轻人有着一个共同的梦想，他们想让中国工业快速迈入智能化与信息化。

三九佳和的主营业务是工业控制系统设备的销售、制造与研发，对于现代工业而言，工控系统相当于大脑，是工业自动化的核心部件。6人凭借在英特尔中国多年历练的技术、积累的口碑和人脉资源，三九佳和迅速成为国内"工控机"领域的一颗新星。其自创的"Appro"工控机因抗压、抗震、防尘能力强且价格优惠而一炮打响，在铁路、电信及工业控制领域得到广泛应用。

2003年，三九佳和的重要客户沈阳新松机器人自动化股份有限公司（以下简称"沈阳新松"）决定向三九佳和注资400万元（占比57%），三九佳和由此更名为新松佳和控制系统有限公司（以下简称"新松佳和"），成为沈阳新松的控股子公司。从沈阳新松的角度看，这是产业链投资的一步，通过向上游供应商投资的方式，获得高性价比部件的稳定供应；从三九佳和的角度看，通过获得下游强势企业注资,获得了稳定的订单,通过中科院"血统"新松品牌进入国防、轨道交通领域的渠道。新松佳和将400万元的注资用于补充流动资金和新产品的研发,企业获得了第一次外部助力。

2006年,三九佳和时期的另一重要客户——江苏自动化研究所决定向新松佳和再次注资360万元(占比18.75%),成为企业第二大法人股东。在这次注资中,新松佳和原有股份获得20%的溢价,其在行业内部的市场地位可见一斑。利用这次契机公司进行了股份制改造,并更名为北京新松佳和电子系统股份有限公司。江苏自动化研究所的入股进一步稳定了新松佳和的订单规模,现在其每年从江苏自动化研究所可以获得4000万元以上的订单合同。

2007年,新松佳和成为中国第一批登陆新三板的高科技民营企业,股份代码430019。

经过多年的努力,新松佳和的产品已经包含工业控制器、货运列车自动化编组系统、车载控制器、城市轨道交通路口控制器等多个产品系列。它还获得了武器装备质量体系认证(国军标)、保密资质、武器装备承制单位资质,成为一家"三证"齐全的民营军工供货商。两次获得行业龙头企业入股的经历为新松佳和的发展带来了极为重要的影响,公司开发、生产的基于国际主流总线技术的加固控制器、加固计算机等订单规模占到企业年收入的

70%以上。企业也从创业初期的"佳和六君子"发展到百余人的规模。可是，随着企业的逐步壮大，一系列问题开始制约企业的进一步发展。

第一个影响企业发展的因素是办公场所的限制。2003年，新松佳和在北京三环内自购了400平方米的办公室，但随着公司的扩大，办公面积的需求也随之变大。到2019年时，新松佳和在同一栋办公楼中又分步、分阶段地自购或租用了约3000平方米的办公场地。由于办公室分布在大厦的4个楼层之中（还包括地下室），企业管理难度加大，各部门员工沟通、交流效率也大大降低。虽然新松佳和一直尝试更换办公地点以改善办公环境，也曾考虑过迁移到京郊等地办公，但是在"寸土寸金"的北京寻找到地段、价格、面积等因素都满意的办公室难度极大。

第二个影响企业发展的因素是不断上涨的各类成本。随着几轮房价的快速上涨，房租也翻倍提高，新松佳和每年办公室租金成本达到了200万元。同时，为了减轻员工的压力，新松佳和为在北京工作的外地员工提供了宿舍福利。巅峰时，其在北京各处共为员工租用了16套住房，每年仅员工宿舍租金也超过了100万元。

第三个影响企业发展的因素是北京越来越严格的产业发展政策，"生产型"企业的发展受到了限制。新松佳和的主营业务被限制在技术开发、推广、咨询、培训、销售等研发类和服务类项目,而无法进行设备生产,企业发展受到了极大的限制。若无法获得"设备生产"资质,新松佳和只能以科研型军工企业的身份承接科研试制任务和小批量试产任务。只有获得了"设备生产"资质后,企业才能获得武器装备生产资质,并承接列装产品的批量生产任务。

为了企业进一步的发展,"佳和六君子"开始思考在北京以外进行扩张的可能性。几位创始人分别考察了河北省的固安市、涿州市和天津市的东丽区、北辰区、宝坻区、武清区、西青区等地,希望能物色到适合企业发展的新地点。经过几轮的考察与对比,天津市武清区与宝坻区成了新松佳和待定的两个选项。从区位与交通条件看,天津市武清区更具区位优势。武清区位于京、津两市之间,京津塘、京津两条高速公路均从此通过;从武清乘坐城际列车约15分钟便可到达北京南站。武清区政府对新松佳和这样的高科技制造业企业也非常感兴趣,区政府招商人员表示愿意为新松佳和成立天津公司提供政策支持。

但是,"佳和六君子"之一的舒伟却更青睐宝坻区。舒伟认为:虽然宝坻区相较于武清区距离北京、天津两市市中心的距离更远,目前的交通基础设施也处于劣势,但是以发展的视角来看宝坻区更具优势。未来,宝坻区将建成"京唐"(北京到唐山)和"京滨"(北京到滨海新区)两条高铁线路,从宝坻站到达北京站的时间仅为25分钟,这是很多居住在北京的居民都无法实现的高效率。宝坻区得益于两条高铁线路的交汇,将成为京、津、滨、唐经济区的中心点,在京津冀协同发展中占据重要的枢纽位置。而且,规划中的京沪高铁二线也将通过宝坻区,宝坻与山东、长三角也将实现快速连接。

宝坻区政府对于新松佳和入驻宝坻开发区的意向也十分重视。区长带队与新松佳和的高管团队进行对接,了解新松佳和的诉求,承诺将对天津公司给予全方位的支持。为了能够吸引新松佳和来到宝坻区发展,区政府与企业达成了协议,若新松佳和能在员工数量和销售规模上达到要求,则会给予其一定规模的资金奖励。

除了区位优势和政府支持外,让舒伟看好宝坻区发展的原因还有"京津中关村科技城"(以下简称科技城)的平台优势。科技城是宝坻区人民政府、中关村科技园区管委会、中关村发展集团三方共同建设的项目。2016年12月,天津京津中关村科技城发展有限公司在宝坻开发区注册成立,成了运营京津中关村科技城的主体。作为中关村集团的重点项目,科技城还肩负着"中关村的新坐标""中关村的新地址""中关村的新起点"的历史使命。

因为新松佳和与北京中关村科技园有长期的合作关系,舒伟深刻感受到此类"项目平台公司"作为企业与政府之间的桥梁,其服务质量对企业发展有着十分重要的作用。对于新成立企业或异地开设分支机构而言,政策解读、建设审批、人才招聘、融资等事关企业发展的各个方面都会遇到各种各样具体的问题,企业主的精力往往会被这些问题所牵扯,无法专注于企业的运营。科技城承诺协助企业处理以上问题,全力减轻企业初创期的运营压力。在感受到中关村集团的态度和科技城的行动后,"佳和六君子"最终决定落户宝坻区,将自己的未来与科技城绑定在了一起。

2019年1月,天津新松智能科技有限公司(以下简称"天津新松")正式落户天津市宝坻区。同时成立的还有北京新松佳和天津分公司,北京新松佳和终于拥有了生产设备的资格(仅限在天津生产)。天津新松的股权设计中,北京新松佳和拥有90%的股权,天津新松的管理团队拥有10%的股权,新团队的利益与新企业的未来绑定到一起。为了使天津公司快速进入正轨,舒伟带领一队北京员工来到天津开展业务,那段时间舒伟面临企业内、外的双重压力与挑战。

初到天津后,新团队遇到的第一个难题是没有办公场地。因为投资协议中的科技城协同发展中心尚在建设中,天津新松与科技城管委会、区政府多次协调,最终在2019年4月取得了1000平方米的过渡办公场地。管委会和区政府考虑到初创企业的资金压力,还给予了天津新松租金的减免优惠。不过,因为一些不可控因素的影响,协同发展中心的建设速度慢于预期。舒伟说:"政府、管委会、企业在实际工作中都会遇到太多不可控、不可预见的情况,我们这些年也是在无数的坎坷中成长起来的。虽然办公面积无法按照预期的时间扩大,但我们还是按照预期的业绩在努力。实现我们向总公司、区政府和管委会所承诺的销售规模,我认为没有问题。"

天津新松佳和有了办公场地后,新的问题就是如何迅速打造出天津本地团队。面对巨大的招聘压力,科技城给予了很大的支持。为了扶持企业发展、减轻企业压力,科技城自园区项目启动后,便开始打造人力资源平台。通过与人力服务机构、高校建立合作关系,科技城为入驻企业提供了能快速、便捷与人才接触的渠道。并且,根据企业的用人需求,科技城还为园区企业提供通用类人才(人力资源、行政、财务、营销)的招聘外包服务,以降低企业的招聘压力。入驻园区的企业,只要向科技城提出具体的用人要求,科技城就会根据企业诉求及时对接外部资源,这减轻了企业搜寻人才的成本。在科技城的协助下,天津新松在一年内便在本地招聘了50名以上的新员工。这些新员工中有天津当地院校的毕业生,也有在外地打拼多年后被新企业吸引回流的宝坻本地人才,还有被天津人才引进政策吸引的外地人才。舒伟说:"天津新松的几名新员工入职后,申请了落户天津,还在宝坻区购买了住房。企业为天津吸引了人才,也留住了人才,我们感到很自豪。"

在人才引进过程中,天津新松还遇到了一个带有普遍性的问题。一名在北京新松佳和工作多年的员工，随团队来到天津后在测试部门从事核心岗位的工作。作为公司的资深骨干员工，天津新松希望通过帮助他落户天津来留住人才。但是，这名员工仅为大专毕业生，根据当时天津市的落户政策，他还需要具有专业技术技能证书。而且，获得这样的证书必须挂靠到特定的技术对口企业后才能获得。舒伟将这个情况反映到科技城管委会后引起了管委会的重视，其马上针对园区内企业进行了走访调研，了解更多企业在落户政策中遇到的具体问题。经过调研后，管委会将汇总的问题反映给政府各部门，最终"天津市京津冀协同发展领导办公室"决定给予"中关村集团"在天津宝坻区和滨海新区开发区中的企业以更灵活的落户政策，一批人才得以在天津落户。

舒伟说："用学历、技术资格证来衡量人才，对于城市整体的人才引进策略而言是合理的。因为城市考虑的指标是人才平均水平。但是对于已经在企业工作多年，随企业转移到天津的人才而言，就不合理了。只有企业才知道什么人是适合自己的，而政府并不掌握这些信息。虽然我们企业只有一名员工遇到了这样的问题，但是考虑到想在天津设立分支机构的众多企业，这样的情况就不是个案了。政策的微调，这让我感受到了市政府提出'企业家老大'的说法是认真的。"

科技城管委会的工作人员说："企业经常会遇到很多极其'细节'的问题，单个企业不知道到哪里、找谁来解决这样的问题，有时候甚至会产生一些矛盾。我们作为运营平台,把企业各种各样的'小问题'汇总起来,形成具有建设性的意见,找各级政府统一协商。这样,企业合理的诉求可以得到满意,政府也能有针对性地灵活调整政策,双方信息沟通的渠道就更通畅了,企业发展的环境也会更好。"

除了借助科技城平台招聘员工外,天津新松也在布局长期人才培养的方案。2019年11月,天津新松与华北电力大学自动化系签订产学研战略合作协议,希望通过与高校的合作,为企业未来长期的发展提供人才供给保障。

供应商是天津新松成立后遇到的最大业务问题。天津新松为了能够适应企业未来进入生产领域的需要,入驻科技城后便开始主动开拓本地供应商。一年的时间内,其便与8家天津企业(5家为宝坻区企业)建立了合作与采购关系。目前天津本地供应商主要覆盖机加工、表面处理、PCB焊接、三防等产品的生产与加工。本地供应商的开拓,减少了天津新松与供应商之间的沟通、运输成本,在一定程度上支撑了公司落地后的经营活动。但是,与珠三角、长三角的同类供应商相比,本地供应商交货期延误、质量不稳定、价格偏高、种类缺口大等问题较严重。以轨道交通控制箱产品的机加工为例,天津某供应商的加工周期比深圳厂商长2~3天,价格高出20%,即使加上长途运输成本,深圳厂商依旧具有优势。而且,部分厂商还多次出现加工失误、精度控制不稳定、交货期延迟等问题。供货商的问题直接影响了天津新松向下游企业的销售,对新松佳和在市场上打造的"快速""高质量"的服务口碑都造成了一定负面影响。

舒伟说:"珠三角、长三角等地已经形成了完善的电子产品采购加工供应链体系,数量众多的民营企业可以根据客户需求,按时、保质地提供品种多样的产品。这个体系反哺着产业链中各个环节的企业,让每个企业都获得了有效的支持,产品创新的速度得以加快。虽然我们仍在积极拓展更多的本地及周边供应商,对其加强管理的同时也在一定程度上给予更多的商务和技术支持,希望通过慢慢引导,实现双赢;但是机器人智能制造上下游生态系统的建设、培育和完善并不是一家企业可以完成的,它还需要政府有关部门的大力支持、引导和政策推动,也希望政府在招商引资的过程中充分考虑。"

除员工和供应商外,资金是天津新松遇到的第三个难题。即便如北京新松佳和这样已经运营了20年且业绩稳定发展的民营企业,融资难、融资贵的问题依旧没有得到完全解决。因为民营企业可用于向银行抵押的"自有"房屋、厂房、土地等资源极少,大多属于"轻资产"企业,所以只能向银行申请信用贷款,而且民营企业获得银行信用贷款的难度极大。以北京新松佳和为例,其贷款均需要以股东个人住房为抵押担保。天津新松刚刚成立,急需启动资金,但因缺乏抵押物而迟迟无法获得贷款。银行提出由北京新松佳和为天津公司提供担保的要求,但是由于北京新松佳和是新三板上市企业,其担保行为需要股东大会通过并公示后才能生效,这增加了企业内的沟通成本与时间成本。经过宝坻区政府、科技城管委会的协调,先后有两家银行最终决定在"天津市中小企业担保中心"提供担保和企业个人股东承担"个人无限连带责任"的前提下,愿意为天津新松提供信用贷款。合计贷款额度1000万元,基本上解决了企业初期的流动资金问题。

虽然天津新松如愿获得了贷款,但是公司还需要向担保公司提供年息0.75%的服务费,使贷款总成本提高了约20%。与此相对,北京新松佳和因被中关村管委会评为"瞪羚"企业,可以从北京市政府获得45%左右的基准利率贴息资助,每年的贴息金额上限为50万元,贷款成本大大降低。舒伟说:"我们在北京激烈的竞争中被评为'瞪羚'企业,来到天津后希望也能获得与在北京相同甚至更好的政府支持。让高科技民营企业以更短的时间、更低的成本获得融资,有利于吸引更多北京优质企业来到天津发展,这对于刺激天津经济和实现京津冀一体化都极为重要。"

面对以上的诸多困难和2020年的停工冲击,天津新松的发展却并没有放缓。复工复产后,天津新松迅速开始了诸多新产品的研制、开发工作。天津新松正在研制与开发的一个"拳头产品"是工业智能相机。北京新松佳和在机器视觉和机器人控制领域耕耘多年,积累了丰富的底层技术和机器人应用场景经验,而将机器视觉技术与机器人融合的产品就是工业智能相机。就如同人类的眼睛一样,工业智能相机将辅助机器人轻松完成分拣、码垛、焊接、装配、扫码、缺陷检测等工作,使机器人更灵活地应对不同作业需求。新松佳和通过多年的努力,自主设计、开发,在AI推理算法、视觉处理算法、数字成像、工业实时总线协议、图形化编程、高性能计算等多个高端前沿技术领域都拥有了自主知识产权。目前,新松佳和已经完成了工业智能相机初代产品的研制,并在视觉盘点、电站巡检等机器人应用场景实施了项目部署,产品迭代升级也在不断进行中。未来公司还将持续拓展工业智能相机的行业应用并投入3D相机的研制,从而打造完整的视觉产品线和丰富的视觉产品生态系统。

新松佳和另一个"未来之星"是小型化智能毫米波雷达。一直以来,新松佳和都是国内雷达信号处理加固计算机产品的重要供应商。经过近20年的产品研发和市场经营,新松佳和的信号处理产品已经应用在各种雷达中。现今,新松佳和基于雷达信号处理技术以及毫米波传感器在汽车无人驾驶上的成熟应用,结合工业场景应用,开发了符合工业特性的小型化智能毫米波雷达。毫米波雷达将为工业机器人提供更便捷的人机安全解决方案,为移动机器人提供高精度低成本导航避障解决方案,为智能工厂提供高性能安防解决方案。目前,新松佳和的单阵面毫米波雷达以及四阵面毫米波雷达已完成安全安防相关应用部署,正根据市场及客户实际需求不断完善雷达信号处理算法。未来,新松佳和将通过降低成本、提高性能、丰富应用场景等手段,真正意义上成为市场上首家工业毫米波解决方案供应商。除此之外,新松佳和还将投入MIMO密集阵列毫米波雷达研制,并引入军用雷达成像技术,结合AI技术,使毫米波成为移动机器人远距离导航避障的最优解决方案。

天津新松成立之后,已经开始承接北京总部之前的部分新产品研发、试制工作。2020年5月复工后,天津新松在新产品研发方面的投入进一步加大。毫无疑问,天津新松将将成为新松佳和的生产基地,未来在工业智能相机和毫米波雷达领域将承担更多、更重要的任务。

场地、人员、资金、新产品研发等多重压力并没有阻碍天津新松的快速发展。通过新团队的努力,天津新松在2019年就完成了1900万元的销售收入,公司当年即实现了盈利。虽然2020年5月才正式复工,但是新公司复工后便恢复到满负荷运转的状态,依旧保持了快速的增长。2020年公司销售规模达到3035万元,净利润476万元,纳税金额234万元;2021年公司销售规模达到5062万元,净利润834万元,纳税金额390万元。

谈到天津新松近两年的发展,舒伟觉得虽然困难、压力很大,但是大致还在预料之内,而一个"幸福的烦恼"却是在他的意料之外。舒伟说:"天津市区两级政府工作人员对于发展地方经济和做好京津冀协同发展的热情是很足的,他们也有为民营企业创造更好经营环境的意愿和决心。不过,有一些地方还需要进一步改善。"

"佳和六君子"大多出生于20世纪60年代,创业时刚刚度过"而立之年",风华正茂。如今,20多年过去了,他们即将迎来人生的"耳顺之年"。舒伟的两鬓虽已由黑变白,但他的眼神却依然如青年般坚定和清澈。在发展中国工业自动化的道路上,"佳和六君子"还有很多梦没有实现。

人,还年轻。

路,很漫长。

生活美学传播者

——天津壹心家茶文化传播有限公司

　　1975年,李辉出生于天津,他自称是天津的"土著居民"。1994年,李辉从天津艺术师范学校毕业后进入天津市岳阳道小学,成为一名美术教师。90年代初,正值"下海潮"最猛烈的时期,无数政府、事业单位、国有企业职工辞去工作,下海经商。小学美术教师这种"一眼可以看到未来"的工作不能满足李辉对未来的期待,在小学工作了一年后,他便辞职了。吸引李辉的是刚刚在国内兴起的计算机行业,他凭借自己扎实的美术功底,进入英业达集团(天津)电子技术有限公司(以下简称"英业达"),成为一名多媒体软件美术设计师。

　　1998年,已经在英业达成为软件美工组组长的李辉再次辞职,创办了猛犸科技工作室,从事多媒体教育软件的开发工作。之后10多年的创业生涯中,李辉做过教育软件、RPG游戏、手机游戏、网页游戏、VR游戏。诺基亚、中国移动等当年的行业巨头都曾是他的客户,腾讯、盛大等"曾经年轻"的公司也与他有过许多交集。李辉说:"当年马化腾带着腾讯北京公司的人来考察游戏开发团队,我是接待负责人。"

李辉的公司被曾经的知名网络公司收购过、被国有集团投资过,时至今日,他还是一家国有控股企业的自然人股东,只不过这家企业已经负债累累。李辉说:"我经历了中国网络快速发展的全过程,有太多的故事了。就我个人而言,我好像一直在门前徘徊,只差临门一脚就实现财务自由了。"因为有着极为丰富的行业经验,李辉还被天津市的政府机构邀请,做过2年天津市动漫游戏行业协会的秘书长,参与了天津市当时文化娱乐行业的产业政策制定工作。

　　2012年,已经离开行业协会的李辉决定效仿北京"车库咖啡"的形式,以众筹的形式在天津创办一家创业主题的咖啡厅。按照李辉的设想,这家众筹公司既可以成为股东们交流的平台,又可以为创业者提供开放的办公空间。股东和创业者之间还可能发生化学反应,让创业者们的想法和股东们的资源、渠道结合,创业者们更容易获得天使投资,股东们也有机会接触更多的优质项目。让咖啡厅最终成为天津创业者的"圣地"和文化地标,这是李辉当时的想法。

　　凭借自己在天津文化圈中的影响力,李辉的想法马上获得了友人们支持,但受限于法规对公司股东人数的限制,最终共有50人成了咖啡馆的股东。这些股东中有高校教师、电台主持人、电视台制片人、文化公司老总……都是天津市各自领域中的佼佼者。他们共同出资100万元(每人出资2万元),成立了公司。

李辉租下了天津五大道中的重庆道100号作为咖啡馆的店面，"100号咖啡"就此诞生。根据重庆道100号别墅固有的结构，咖啡馆中设计了会客厅、小书房等区域，走廊的照片墙上是50位股东的照片，小书房中摆放着股东们个人的收藏品，每天还会有一位股东到店为顾客们服务。凭借股东们的个人影响力，"100号咖啡"迅速成为天津文化圈的地标，吸引了大批顾客到店惠顾，来店与不同股东合影成为当时天津文艺青年的一大乐事。

在没有刻意宣传的情况下，"100号咖啡"开业后便"一座难求"，第一个月的营业额就超过了15万元。很多文化圈内的人士都以能够登上"100号咖啡"的照片墙为荣。

但是，随着时间的推移，一些股东创业初期的新鲜感渐渐消失，股东轮流值班的热情也逐渐消退，"100号咖啡"的经营状况开始下滑。经营的惨淡又放大了股东之间的意见分歧，众筹企业的缺陷开始显现。李辉说："股东大会时，大家都有自己的看法与建议，很难形成统一的观点。因为没有控股股东，所以没有人能做主，也没有人愿意出来承担责任。几年的经营期间，股东们有开会时委屈落泪的，有当场摔东西的，最后甚至在股东中出现了'小团伙'，排挤其他股东。"

到2015年时，经营了近3年的"100号咖啡"因亏损而停业。回忆起这次经历，李辉总结了三条导致项目失败的原因。第一个失败原因是众筹和同股、同权、同酬引起的责、权、利分散。每个股东都只占有2%的股权,导致企业形成决策的效率极低而成本极高。一个股东努力带来的收益不但要均分给所有人,还可能遭到其他人的质疑和埋怨,股东的积极性无法调动,股东之间陷入了类似于"囚徒困境"的局面。股东们知道每个人都"付出"是对团体最优的策略,但是从个人的成本和收益考量,"不作为"和"搭便车"却是自己的最优选择。

第二个失败原因是执行团队的动荡。股东间的意见分歧会传导到执行团队,店长和店员无法形成持续稳定的经营状态。李辉举例说,店长设计的产品获得了一些股东的认可和赞同,但是几天后另一位股东到店后却提出了质疑,并责令店长做出调整。这样的状况导致执行团队工作压力增加、人员流失。在"100号咖啡"运营的3年间,共更换了4位店长,这使得咖啡店无法形成稳定的品质控制,顾客满意度随之下滑。

第三个失败原因是选址的草率。为了将"100号咖啡"打造成天津的文化IP,店面选择了文化地标——五大道区域。这样的选择虽然有助于提升咖啡店的文化气息,但是人流密度、租金、停车位、交通便捷性等其他直接影响咖啡店运营的因素则没有被充分考虑。在"100号咖啡"经营一年后,房东要求李辉将100号别墅的二、三两层一并承租,否则便终止与李辉的合作。这使得咖啡店的租金上涨了2倍多,咖啡店的现金流压力大幅增加,直接导致了运营困境。

"100号咖啡"停业后,公司注销时又遇到了难题。因为法律要求注销公司需要获得全部股东的许可,所以李辉要取得50位股东的许可和签字。此时,有几位股东已经处于"失联"的状态。仅仅是收集齐所有股东的签字,李辉便花了近一年的时间。相比成立初期的"万众一心"和"一座难求","100号咖啡"最后的结果让李辉非常难过。

　　就在"100号咖啡"开店运营后不久,李辉的太太秦舒妍也走上了创业之路。秦舒妍曾在日本留学工作10年,后随日本企业来到天津工作。因为爱上了日本茶道,2012年10月,秦舒妍辞去工作后在五大道中租下了民宅,开办了"壹心家"茶室。2013年,因为秦舒妍需要照顾刚刚出生的儿子,李辉开始协助妻子打理"壹心家"茶室。

　　李辉说:"我太太希望做一间能够体现出她对茶艺理解的茶室,更希望通过茶室向大家表现出我们当时对'生活美学'的理解。""壹心家"茶室摆设主要以实木桌椅为主,装修风格充满了浓浓的"丽江"风,最大的特色是四无:无烟、无牌、无酒、无肉。除了提供给客人饮茶、交流的空间外,还提供素食简餐和茶道、书法、插花等课程。茶室提供了一个空间,这个空间为顾客带来一种简单、平和、安静的生活状态。

　　"壹心家"茶室的经营并没有如李辉夫妇设想的那样发展,一直到2015年茶室都处于亏损的状态。市中心高昂的租金让李辉不得不退掉了五大道的民宅,李辉将茶室转移到位于天津空港的酒店中。新"壹心家"茶室整体的设计风格从过去的"丽江风"转变为"极简风",新茶室除了提供原有的茶饮和课程外,还开办艺术展、文化沙龙。李辉的经营思路也从"茶馆"模式(李辉称之为"壹心家"1.0版)向"艺术空间"模式("壹心家"2.0版)转变,希望将新茶室打造成为"茶空间"和"美学空间"。李辉邀请年轻艺术家来茶室办画展、摄影展,并定期邀请一些文化圈朋友来到茶室举办沙龙,茶室成为展现新锐艺术家作品和文化人思想的平台。

虽然新店为李辉提供了更大的面积和更好的硬件资源,但是新"壹心家"茶室的经营依然没有达到预期的效果。一直以来,李辉都将打造"空间"作为茶室的首要职能,顾客之间的交流和课程、展览、沙龙等活动都依托于这个物理空间之中。李辉说:"我们尝试先打造出空间,再以空间为平台承载内容,这样的模式中茶室自身并没有真正在做内容,所有的内容都是由第三方来提供的。也就是说,我们自己没有成为内容生产者,只为生产者提供了物理空间。比如课程内容是由合作教师提供的,展览内容是由创作者提供的,'壹心家'没有做自己的内容。这样的结果使我们无法沉淀,也无法形成自己的体系,最终导致我们自己无法向这个空间赋能。比如我们提供的书法课程,其本质是希望在我们提供的空间中传递东方艺术之美。但是书法学习需要经历很长的过程,短期的课程对学员的意义不大。而且,书法、插花、茶道等课程之间并没有产生良性的互动,也没有形成完整的体系,我们打造空间没有创造出真正的价值,更无法形成文化IP。"

基于这样的反思,李辉从2016年开始将打造内容("壹心家"3.0版)作为创业的新方向,并于2016年末推出了第一个核心产品——"听茶巡演"。"听茶巡演"是一个实验性的艺术现场,秦舒妍与乐队合作,在现场为观众表演茶道的同时,让观众感受音乐与茶道之间有机的联系。李辉说:"听茶巡演是将东方的茶文化与西方的弦乐有机结合,用旋律诠释茶的滋味,让茶音说话。听众通过茶汤和音符的流动,用耳朵去听,用心去感受。"在"听茶巡演"中还有这样的一个环节,秦舒妍会让听众们蒙住双眼,听众们用全部的注意力去倾听行茶的注水声,茶叶翻转的滑动声和器皿间的碰撞声。一位参加过听茶巡演的观众对笔者说:"在我闭上双眼后,我听到了茶叶在热水中展开的声音。那一刻我发现原来有这么多美好的声音值得我们真正用心去倾听,每一天我们都太忙碌了,太急躁了,我们错过了很多美好的事。"

李辉和秦舒妍的"听茶巡演"也不再拘泥于固定的空间,成都的宽窄巷、北京的长城脚下、秦皇岛的阿那亚等10多个城市的文化地标中都留下了"听茶巡演"的脚印。根据时间和空间的不同,"听茶巡演"会调整表演的形式和乐器的组合,以寻求内容与空间的矛盾与和谐,让听众可以在空间和内容的结合中体验"内观自我"的状态。

自2016年末至今，"听茶巡演"已经在10个城市表演了17场，成为"壹心家"成功打造的第一个文化IP。随着"听茶巡演"被市场所喜爱，邀请李辉演出的组织、机构也越来越多。很多房地产企业、银行都曾向李辉发出邀请，希望能在企业活动、文化演出中加入"听茶巡演"的内容。对于商业合作，李辉表现得极为克制。如果甲方提出的要求与"听茶巡演"的内核冲突，李辉则会拒绝合作，他说："有些机构把'听茶巡演'等同于旧时的堂会，认为只要出资就能请我们去演出。而我们对'听茶巡演'的合作伙伴有很严格的要求。合作的前提是对方真正认同我们演出的内涵，我们会在这个基础上根据顾客的情况对表演进行调整，最终呈现出符合顾客特质的演出。我们只会与有品质、有品位、有品牌的机构合作，让我们的演出进一步提升顾客的形象。"

2017年，"壹心家"推出了第二个IP项目——"草木集"。"草木集"是以茶会形式组织的线下活动，每年春秋两季各举办一届。几年间，"草木集"在北京、天津、南京、洛阳、承德、秦皇岛、黄山、成都等多个城市举办。全国各地对茶文化、美学感兴趣的成员在活动期间聚集到一起，以茶会友，交流心得。李辉还会邀请各界精英举办讲座，分享对生活与美学的理解。"聚是一团火，散是满天星"是李辉对"草木集"参与者的描述，也是他创办这个项目的目标。

"假装离城"是"壹心家"在2018年推出的又一个文化产品。李辉深感忙碌的现代都市人有强烈的充实自我与放松的需求,为了满足这些都市人的需求,李辉推出了短期游学的项目——"假装离城"。参加这个项目的都市人可以利用周末在城市周边参与李辉举办的茶道会、读书会、美学讲座等活动。利用周末来充电,放松疲惫的身体和心灵,是李辉组织"假装离城"活动的目的。

除了"听茶巡演""草木集"和"假装离城"三个文化产品外,2018年李辉还推出了"honest生活美学店"。"honest生活美学店"中出售的是李辉精心挑选的产品,包括茶品、工艺品、生活日用品等多个品类。现在李辉已经精挑细选了30多个品牌入驻生活美学店,这些品牌和产品都体现了李辉对生活、美学的理解。

2020年初,"壹心家"的活动全部暂停。3月,李辉推出了"TDYDM"(天地有大美)艺术学院。李辉将"TDYDM"定义为一个线上、线下相结合的美学教育机构,其以传统文化、当代艺术、人文设计和生活美学为主要培训内容。"TDYDM"上线后先后推出了居家饮茶入门、小原流花道、疗愈音乐、瓶花美学、手机视频拍摄等多门线上视频课。由于之前通过"听茶巡演""草木集"和"假装离城"已经沉淀了几万名忠诚的顾客,"TDYDM"线上课程在短短几个月间便被约2000人购买,成为当时"壹心家"最受欢迎的产品。

一位参加了手机视频拍摄的学员说:"学习了视频拍摄后,我开始关注家里各种细节，寻找可以用来拍摄的物品，等待合适的光线，思考拍摄的主题，生活一下子又有了寄托。把拍摄的视频分享在抖音、朋友圈后，马上引起了友人们的注意，很多人都说因为看了我的视频，快乐了很多。通过这件事，我自己开始寻找身边的美，又将美带给了朋友们，我非常骄傲。"

随着学员们拍摄能力的提升与对视觉美学深入的理解，更多学员期待在后期剪辑、视觉渲染、影音对位、拍摄执行等环节进行深造学习，因此李辉在第一期进阶班后开设了第二期手机视频摄影美学进阶班。随着有序复工复产，"TDYDM"又将部分课程延伸到线下，以线下教学的方式向学员传递生活美学。

谈到未来的发展，李辉认为"壹心家"已经向着打造文化IP的目标迈出了坚实的一步，未来"壹心家"将向着打造"生活美学入口"的方向发展。李辉说："经过多年的摸索与打拼，'壹心家'已经打造了几个文化IP产品，'听茶巡演''假装离城'这些产品已经得到了消费者的认可，公司的3.0模式基本成型。公司在多个城市的演出与游学，让这些产品进入更多的空间，这些也是我们发展布局的步骤。未来，'壹心家'不仅继续与这些空间保持合作，还会培养当地的特色文化产品，'壹心家'将成为这些文化产品的集客与导流入口，成为文化特色服务领域的携程旅行网，让优质顾客更便捷、高效地与优质的空间、内容对接，这将是'壹心家'的4.0版。"

游戏业高管、行业协会秘书长、文化产品生产者李辉经历了太多的故事。他对中国文化产业的未来也有着自己独特的判断。对于政府政策的作用,李辉说:"政府对发展本地文化产业的热情是真实存在的,政府也愿意去做'筑巢引凤'的工作。但是,政府能做的只是打造空间,制作内容是政府无法完成的工作。有时候,政府打造的'巢'与本地的'凤'并不相符。所以,了解本地文化产业从业者和本地居民的现状,是政府产业政策顺利完成的第一步。"

　　对于创业环境,李辉说:"创业者需要更加富有弹性的创业环境,以使创业者有更多的试错机会。比如我们将壹心家草木集(天津)国际会展有限公司和壹心家(天津)文旅娱乐发展有限公司都注册在清联平台,提高了我们企业应对变化的能力。'TDYDM'在2020年业务量增加,我们便短期租用了清联的办公室办公。现在我们考虑进一步增加员工数量、扩大办公规模。如果我们没有在清联平台注册,企业迁址就会涉及工商、税务信息的变更,不过现在我们就不涉及这样的工作,可以根据员工规模随时调整办公地点,减轻了运营的压力。希望政府未来为企业提供更宽松的环境,降低企业的经营压力,这样会有更多的创业者出现。"

　　对于文化产业从业者,李辉说:"一些以传统文化为内核的创业者要么过于强调传统,要么过于强调文化升级,而我们是让传统与当下结合,并不会为传统而传统。我们打造的产品,是希望顾客体会到'身处世外桃源,但不忘世间悲凉'的状态,让顾客通过关注当下,关注细微,最终关注自己,关注外界。我们的理念是:'连接人与自然,人与空间,人与人的关系。'我觉得只有以人、人性为内核的产品才能够获得顾客的认可。我相信做文化是可以赚钱的,而且是站着赚钱。"

法国作家圣·埃克苏佩里的《小王子》一书中,小王子对着一朵花深情地说:"啊!你真美啊!"然后找来一个装满清水的喷壶,伺候着这朵花。

李辉就像这样,伺候着心中的生活美学。

与病魔抗争的创业者

——浦蓝氏(天津)科技发展有限公司

孙德义1980年出生在黑龙江绥化市明水县的一个农村木匠家里。如果他和哥哥们一样延续了父亲的手艺活儿,他的人生可能就不会有后来的跌宕起伏。与东北人给人们高大、威猛的印象不同,孙德义个子不高,偏瘦。不过他热情、率真的性格比较符合东北男人的特点。初次见面,孙德义便开门见山地说:"这次来到天津创业,一是因为天津具有区位优势,二是因为这里是给我新生的'第二故乡'。我的肝移植手术是在天津完成的,我对天津有很深的感情。"

1999年,自称是一个"坏学生"的孙德义没有顺利考上大学,只得在一所大专学校继续读书。一次踢球时的意外受伤导致脾破裂,孙德义在医院检查时被告知了一个更可怕的消息,他患有肝硬化。这是一种目前无法完全治愈的疾病,只能通过治疗来延缓病情发展的速度。

因为病情,孙德义回家休养了半年多。养病初期,孙德义情绪低落、意志消沉,甚至抱怨上天,如此年轻就让他得了无法治愈的疾病。经过父母精心的照料,孙德义的身体状况逐渐好转,他的想法也发生了变化。看着眼前父母的担心和无助,孙德义觉得不能再这样消沉下去。既然得了病,就更要对得起自己活着的每一天。他决定要走出去看看外面精彩的世界,用自己的努力来为家人和自己争取更美好的生活。孙德义知道这条路一定会很曲折,但是他要用自己的生命去追求。

2000年的秋天,痊愈后的孙德义没有回到学校复课。他揣着500元钱,踏上了从黑龙江开往北京的火车,成了一名北漂。到北京后,孙德义白天去各处找工作,晚上就在地下通道、火车站睡觉,为了省钱一天只吃一顿饭。一周后,孙德义在北京找到了做搬运工的工作。做搬运工时,孙德义认识了一位做啤酒销售的朋友,这个朋友的收留才让他有了落脚的地方。在朋友的引荐下,2000年底,孙德义加入了一家开始在北京拓展业务的啤酒销售公司,成为一名销售员。

孙德义开始工作的地域范围并不明确,北京的西四环外到东五环都是他每天骑着自行车要"丈量"的范围,一天跨越一个偌大的北京是家常便饭。他每天的工作是寻找那些新成立的酒店、饭店、餐馆,与采购负责人洽谈产品销售合作的可能性。孙德义回忆道:"刚工作时,我没有经验,不会说话,一开始真的很难。被一家门店拒绝三四次是常有的情况。而我除了真诚地再次拜访,也没有其他可用的方法和技巧。"就是靠着不怕吃苦和真诚,孙德义感动了绝大部分的客户,第一个月的销售成绩比团队其他5个人加起来还要多。仅用了一个月的时间，他就从一名普通的业务员提升为销售主管。

随着自身业务能力的不断提高，孙德义渴望能在更大、更高的平台上展现自己。2002年，孙德义辞去了食品公司的销售工作，进入了健力宝北京公司。此时的健力宝以一种极高的姿态宣布进入"第二次创业"时代。

孙德义从一名业务员做起，到2003年，他成了健力宝北京公司的一名销售主管。与之前做销售员不同，健力宝公司拥有更完善的流程化管理制度和销售系统。在健力宝工作的日子里，身为销售主管的孙德义不仅深入所有的销售网点，更对快销企业的销售系统建设、品牌落地方案和客户需求有了深入的认识，成为一名资深销售。

2004年10月，孙德义突发消化道出血，幸好及时被送进医院抢救，才保住了生命。孙德义说："多年在北京打拼让身体一直处于紧张的状态。2004年10月我与妻子结婚，婚礼的筹备更增加了身体的负担，结果婚礼后就病倒了。"这次突发的消化道出血让孙德义在家休养了半年多。为了不给公司造成损失，养病期间孙德义主动辞去了工作。

2005年7月，身体暂时恢复，孙德义靠着丰富的销售经验，加入橡果国际。此时的橡果国际刚刚与推出"背背佳"牌矫正带和"好记星"牌英语电子词典的"营销奇才"杜国楹达成了合作。之后,橡果国际斥巨资赞助了"超级女声"的全国巡演,还在央视和数十家地方卫视大量投放产品广告,一时间成为中国零售领域的一匹黑马。

搭上了橡果国际爆发式增长的列车,孙德义也走上了自己职业生涯发展的快车道。几年间他从销售主管成为省区销售经理,最终升级到华南大区销售经理,掌管着华南地区四省的省、地、县三级"背背佳"矫正带的经销商,每年销售规模过亿。

对于杜国楹的商业逻辑,孙德义有着自己的理解。他说:"'背背佳'和'好记星'两款产品都采用了从线下小规模销售到用户反馈再到线上广告宣传,最终由线下承接的商业模式。这个模式是杜国楹做产品的经典方式,一旦他开发的产品在试销售阶段得到了消费者的认可,其便以巨额的广告展开地毯式的推广。当消费者被广告吸引后,大量线下经销点便可为顾客提供产品尝试与销售的工作。"

事业上"顺风顺水"发展,可孙德义的身体却每况愈下。2007年末,他因为肝硬化导致腹腔积水,不得不再次住院接受治疗。恰好此时孙德义妻子怀上了宝宝,几经考虑后,他决定向公司辞职,希望可以回到东北多陪伴家人。橡果国际的高层不想失去孙德义这样的得力干将,在多次沟通、协商后,决定将孙德义调至东北大区任销售经理,这样使他可以更好地兼顾事业与家庭。

2008年孙德义接任东北大区经理后,中国零售市场的格局已经出现了革命性的变化。孙德义说:"在零售行业中,一直流行着'终端为王'的说法。哪家企业能够控制住商品的终端销售渠道,其便处于绝对的优势地位。拥有终端控制力的企业可以通过投放广告增加商品知名度,再由线下的终端承接顾客的流量,为企业带来销售增长。可是,2010年前后,中国线上销售呈现出'井喷式'发展的状态,线下销售渠道对企业的贡献越来越弱。"

2011年,东北大区一家总代理因业务萎缩决定转让"背背佳"产品的代理权,"近水楼台"的孙德义考虑再三后,决定接手代理业务,成了一名创业者。回忆起这次创业的决定,孙德义认为自己的考虑并不充分。他说:"我当时并没有认真思考整个商业环境的变化,而只是从我有什么经验、我能做什么的角度出发,做出了从职业经理人向经销商转变的决定。"

因为线上销售对线下渠道的冲击越来越大,孙德义成为代理商后,其业务并没有如预期般发展。2013年,孙德义发现婴幼儿产品线下的门店发展迅速,便利用线下门店做起了婴幼儿奶粉销售的业务。当业务刚有起色时,高强度的创业生活加速了孙德义身体状况的恶化。2013年末,孙德义在工作中突然昏迷。经过检查,此时的孙德义内脏静脉血栓和肠粘连问题已经非常严重,这次昏迷是肝硬化发展晚期的"肝昏迷"。医生建议他尽快进行肝移植手术。孙德义在家人和朋友的帮助下,选择在天津市第一中心医院实施肝移植手术。通过在天津近7个月的治疗,孙德义成功完成了肝移植手术。孙德义说："在天津进行的肝移植手术让我彻底摆脱了肝硬化的困扰，天津是给我新生命的城市。这也是我现在留在天津的重要原因之一。"

康复后的孙德义在2014年末走上了再次创业的道路。他反思了多年来在零售行业的经验后，决定放弃过去依赖销售渠道的代理经营模式，自主创立了品牌，并进入自己最熟悉的矫正带市场。孙德义说："渠道为王的时代已经过去，未来将属于那些兼顾产品质量与品牌影响力，并拥有强大线上销售系统的企业。"

孙德义在产品上选择了健康护理类产品，他为自己的产品选择了PRANASH（浦蓝氏）作为品牌。PRANASH是PRANA和SHINE两个单词的合并，PRANA意为生命之气、生命的能量，PRANASH则寓意着"生命能量的绽放"。这个品牌名体现了孙德义这次创业的理想，他希望新公司和品牌能实现自己"用创新打造健康美好生活"的愿景。他还注册了儿童矫护品牌"蕊芽reeyaa"，希望能帮助青少年挺拔成长。

此次创业，孙德义非常重视线上销售渠道，他亲自带着2名员工运营淘宝网店。通过个人不断的学习、尝试，经过3年的努力，他线上旗舰店已经达到年销量2000万元的规模，企业员工超过20人。

2019年，随着网络直播"带货"的兴起，孙德义开始借助抖音、快手等短视频平台推广产品。他成立了短视频运营部门，组织团队相关人员学习视频拍摄、剪辑和制作技巧。一年间,孙德义在抖音和快手平台运营的账号分别拥有了16万和5万的粉丝量。不过利用视频平台销售的初衷却并没有顺利实现,粉丝购买产品的规模没有达到孙德义的预期。孙德义说:"可能对于我们所经营的单一品类产品而言,利用网络视频带货销售的方法并不是最适合的。不过我们在不断思考如何利用直播进一步变现的方式,现在也会采用承接一些其他商家的合作来增加流量'变现'的方法。我们一定会在视频销售这个赛道找到合适的位置,因为这是趋势。"

2020年初,孙德义发现国外很多没有办法出门的人对电子商务的依赖程度明显提高,这进一步强化了网购习惯。孙德义意识到将企业产品向海外销售的机会到来了。9月,孙德义与阿里巴巴国际站、亚马逊等平台联系,商谈进驻事项。为了海外业务更顺利地发展,孙德义决定将天津作为公司开拓海外业务的基地。

孙德义选择在天津成立公司有两个重要的理由。

第一,天津为创业企业提供的软环境深深地吸引了孙德义。因为要兼顾沈阳业务,创业初期孙德义无法全程在天津主持公司工作。他了解到天津的清联可以为创业企业提供集群注册和申报、财务管理等服务,这减轻了企业创业的压力。孙德义说:"创立企业的过程中除了主营业务的拓展外,还有很多琐碎的事情要处理。举一个最简单的例子,我们刚到天津时为了节约成本仅租用一间较小的办公室,随着公司人员逐步招聘到位,这间办公室已经不能满足我们的需求了,我们马上就要搬去新办公室。如果不在清联注册,办公室搬家还要进行工商注册信息更改,现在我们只要和清联做好备案就可以了,公司业务不会受到一点影响。"

第二,在天津创业的"性价比"更高。与北京等一线城市相比,天津的人力、租金等各类成本更低;与沈阳之类省会城市相比,天津有更多的人才储备。对于开展海外业务而言,孙德义在天津创业可以在成本与人才质量间找到更好的平衡点。

天津外贸团队成立后,孙德义首先把重点放到了人才招聘上。他在各大招聘网站上公布了招聘信息,不过急于"招兵买马"的孙德义并没有坐等人才上门。孙德义与合伙人会仔细查阅浏览过企业招聘信息的求职者简历,3个月的时间里,他们阅读了超过2000名求职者的简历。遇到感兴趣的人才,他们会主动打电话与应聘者沟通。几个月间,孙德义电话联系了超过200位求职者,进行了几十场的面试。在孙德义与合伙人的共同努力下,天津新团队得以组建。孙德义说:"我们找到了很优秀的运营、业务和视觉支持人才,他们有创新能力,有工作热情和活力。运营主管曾在一年内将一家创业企业的网上店铺做到了行业头部水平。业务主管多年在深圳从事外贸工作,对海外市场极为了解。

招募到这些伙伴后,我对未来的事业更有信心了。"

现阶段孙德义最看重的是阿里巴巴国际站平台的布局和平台提供的"RTS"(Ready to Ship全球批发)销售模式。在RTS模式中,孙德义将向海外的经销商或个人买家出口自主品牌的产品,为此浦蓝氏公司也在美国、德国、法国、澳大利亚等国家都注册了品牌商标,并布局相关产品专利。RTS模式是阿里巴巴对中国传统外贸模式转型升级的一次尝试。与传统的"大品牌、大数量"订单不同,RTS希望通过小企业和零售订单来为中国外贸企业开拓出新的局面。如果能在矫正带这个细分市场中成为头部企业,大量小经销商的零散订单也将为孙德义的企业带来可观的销售额。

孙德义知道向海外输出自有品牌是一条极难走的道路,让海外市场接受外国品牌需要很长的培育期和大量的资金成本。孙德义希望在电子商务的新模式下,利用电商平台来实现品牌的海外推广。孙德义说:"从产品维度进行裂变,仍是我们一直要走的路。国内的电商发展得如火如荼,我们的品牌也是从这个摇篮里孕育出来的。未来我们想要做的,就是将这个模式复制到海外跨境电商中去,让电商与品牌实现相互赋能。等线上的品牌'独立站'顺利运营后,我们还计划布局国外的零售终端,更深入地走进国外市场。"

除了RTS模式外,孙德义也会承接海外市场的"ODM"(原始设计商)和纯代工订单。这些订单可以帮助孙德义更好地了解海外市场的需求特点,当然也能为他带来一定的收入。在入驻阿里巴巴国际站的几个月间,企业已经接到了约20万美元的海外订单。这些订单中有很多是海外经销商的样品订单,孙德义需要根据不同客户的需求来调整产品。孙德义说:"向海外进军是一个很漫长的过程,经销商先通过样品来了解我们企业,然后再进一步沟通细节,调整产品。"

《爱丽丝镜中奇遇记》中,红皇后对爱丽丝说道:"在这个国度中,必须不停地奔跑,才能使你保持在原地。"走向海外、争做细分市场的头部企业,孙德义心中有一个巨大的目标。为了这个目标,孙德义带着他的团队不停奔跑着。

将自己做成品牌

——天津嘉泰商贸有限公司

2020年3月,徐海燕结束了在哈尔滨老家的假期,匆忙返回天津。而让徐海燕返津的最主要原因只有一个,客户对她生产的消毒湿巾的需求量猛增。

1978年,徐海燕出生于哈尔滨市呼兰县(现更名为呼兰区)。初中毕业时,她考上了当地的一所中等师范学校。"那是本地最后一年招收中等师范考生,毕业后可以到小学去教书。不过我自己对当老师一点儿兴趣都没有,上面还有两个哥哥,家里供我读书的压力太大,所以初中毕业后我就没有再读书,直接闯世界了。"徐海燕说。

进入社会的徐海燕干过理发店、小卖部,在韩国电子工厂当过质检员。2005年,徐海燕辞去了3年的质检员工作,她说:"在电子厂工作赚不到钱,让人完全看不到希望,所以我就辞职了。"辞职后的徐海燕跑去哈尔滨最大的服装批发市场,当了一名售货员。入职的第一天,她就卖出了20条牛仔裤,那时候徐海燕开始认识到自己有做一名好销售的潜力。

2005年末,徐海燕开始自己在批发市场中租用摊位,当起了

"老板"。到2006年时,已经在哈尔滨最大服装批发市场中租用了2个摊位的徐海燕因为缺氧被送入了医院,这时她才知道自己已经怀有2个月的身孕。为了保胎,她将批发市场的摊位转手了,休息了一年的时间。儿子出生后,徐海燕发现随着互联网购物的兴起,传统的批发生意已经大不如前。而在家育儿的经历让她察觉到婴儿纸尿裤的消耗量极大,于是她便去了一家纸业公司应聘,成了一名超市导购员。

因为徐海燕自己对产品有着丰富的使用经验,在顾客选购时她能够根据客户自身的情况推荐最适合的产品,所以很快她便得到了顾客们的信任。每当超市有促销活动,徐海燕都会主动给老顾客们打电话,介绍活动细节,吸引顾客前来购物。几个月后,徐海燕便成了超市的导购冠军。该纸业哈尔滨公司的管理层发现徐海燕出色的销售能力后,将她调到公司,并承诺让其担任哈尔滨地区纸尿裤销售经理的职务。可是,做了3个月销售代表后,徐海燕并没有得到公司最初承诺的职位和薪水。徐海燕便辞去了公司的职务,自己当起了批发商。她说:"原本承诺让我做销售经理,可是最后公司没有兑现这个职位,也没有兑现相应的工资。我第二个月就做到了哈尔滨地区的销售冠军,所以公司没有兑现承诺让我很生气。几个月的时间我新开拓了很多客户,很多小型超市都开始向我订货,我就决定自己干批发了。"

为了能更方便地给各家小超市送货,徐海燕借了5.5万元买了一辆小货车,每天给各家超市配货。仅仅一年的时间,徐海燕的批发量便达到了年收入百万元的规模。就在业务越做越大时,徐海燕和老公的关系却在不断恶化。徐海燕说:"当时我老公跟我一起做,可是他的事业心和责任心都太差。既没有能力去开拓新客户,又不能认真负责地送好货。我们俩之间的距离就这样一天天越来越大,最后我和他离婚了。自己带孩子,自己干批发。"离婚的打击并没有让徐海燕消沉,她在小姨和姨夫的帮助下继续扩大销售规模。第二年时,徐海燕雇用了7名员工,年批发额达到了数百万元,每年自己能有十余万元的净收入。

有一次,徐海燕去一家湿巾生产厂洽谈产品代理销售业务时,遇到了一位来厂家销售无纺布的业务员。闲谈中徐海燕了解了无纺布市场的情况,她说:"当时国内厂商生产的无纺布售价大约1.8万一吨,进口无纺布的价格才1.2万左右一吨,销售无纺布有利可图。而且,我有湿巾的销售渠道,如果我能自己利用价格相对较低的进口无纺布来生产湿巾,那我就有了更大的利润空间。"

此后,徐海燕便开始与无纺布进口商频繁接触,做起了进口无纺布销售业务。徐海燕说:"我从进口商那边以1.2万元左右一吨的价格买来无纺布,再以1.5万元左右一吨的价格卖给湿巾厂商,一吨就能有3000元左右的利润,这比我批发纸巾的利润高多了。"同时,徐海燕也开始与湿巾生产商洽谈来料代加工业务。2009年初,她与一家长春湿巾厂合作,开始为酒店供应定制湿巾。可是,长春厂商生产的产品质量并不能达到采购方的要求,徐海燕决定到天津寻求更好的生产商。

2009年末,徐海燕停掉了哈尔滨的批发生意,独自来到天津开拓湿巾业务。她一边寻找合适的湿巾制造厂,一边推销无纺布来补贴家用。最终,徐海燕在天津市静海县找到了合适的合作伙伴,由该家工厂为其代加工湿巾。那是徐海燕创业后最艰难的一段时光。为了省钱,她就住在代加工工厂的库房里,没有暖气更没有空调。冬天,徐海燕只能在库房里点蜂窝煤炉取暖。每天晚上,1200多平方米的厂房里空无一人、漆黑一片,徐海燕就自己在库房昏暗的灯光下整理客户资料,制订生产计划。

2010年初,徐海燕谈下了为一家一次性餐具厂供应配套湿巾的业务,餐具厂每月向徐海燕采购10万件独立包装湿巾。这是徐海燕第一家稳定的大客户,拿到订单后她一夜未眠。徐海燕说:"每月10万件的规模,刚刚是一台湿巾制造设备一个月的正常产量。如果我自己购置一台设备,那我就可以从湿巾批发代理商转型成制造商,业务就能继续扩大了。虽然我自己没有生产经验,但是在工厂住了几个月,我对湿巾设备和生产流程也有了大致的了解,不是完全的外行人。"

第二天,徐海燕就与合作工厂洽谈,以每年1万元的价格租用厂房的一角,并将手头3张信用卡的额度全部透支、提现,凑齐了12.5万元,订购了一台湿巾生产设备。设备安装后,已经身无分文的徐海燕没钱雇用工人。为了能尽快还上信用卡欠款,徐海燕自己操作机器生产。她既要生产产品,又要维修设备,还要扩展业务。一个人,独自撑起了一个"湿巾厂"。

徐海燕说:"整个2011年,我基本上就是每天吃一顿饭。为了赶进度,经常是晚上干到12点,早上三四点起来接着干。白天还要抽出时间去拜访客户,扩展新业务。机器出现故障了,我还要想办法维修。"说到这时,徐海燕伸出右手,手腕处有一道4厘米左右的疤痕。她说:"我要是不说,你是不是以为这是轻生割腕的疤痕啊。有一次我自己调整切割无纺布的U形刀位置,结果手腕被卡在机器里,当时血就喷出来了。后来去医院治疗时医生说,幸好静脉没有被切断,要不然你可能都坚持不到治疗就失血过多死掉了。"

整整一年的时间,徐海燕与这台湿巾生产设备"相依为命"。这台设备现在还在徐海燕厂房的角落里,成了工厂的"备用产能"。当我参观这台设备时发现,虽然并未运转,但是设备状况极佳,一尘不染。徐海燕摸着设备说:"如果你把这台设备拆掉,我现在闭着眼,都能把它安装好。在它身上我花了很多的时间,走了太多的弯路,不过也学到了很多知识。"

度过艰苦的2011年后,徐海燕的业务进入了稳定增长期。2012年,她租用了400平方米的厂房,又购置了第二台设备。在新租用的厂房中,徐海燕给自己隔出了一间小屋,用于平时的办公和住宿。她说："我给办公室安装了空调。那时能有这样的办公条件，我真的很知足了。"

拥有了2台生产设备后，徐海燕的经营思路变得更加开拓。徐海燕说："一台设备一天正常的工作时间是10小时左右。如果订单增加，我会先安排工人加班生产，让每台设备每天工作16小时左右。如果2台设备都能达到16小时满负荷运转时，我就再购置新设备，这样新设备的产能就不会被浪费、闲置了。"按照这样的思路，徐海燕以平均每年增加1台新设备的速度稳步发展，到2016年时她已经拥有了4台湿巾生产设备，成为天津市小有名气的独立包装湿巾生产商。

随着生产能力的逐步增长，徐海燕必须要面对一直悬而未决的难题。因为成立公司的手续烦琐，后续申报工作量大，从买入第一台生产设备开始，徐海燕一直没有正式成立公司，而是以房东所有企业的名义对外经营。也就是说，徐海燕实际成了房东的"合伙人"之一，但这种身份不能得到法律的保护。当徐海燕所拥有的产能越来越大后，她与房东之间的利益关系就变得更加复杂。而烦琐的企业成立、维护等工作又让徐海燕望而却步，不知如何处理。

在朋友的推荐下，徐海燕联系到清联集群注册平台，希望清联能够给予帮助。在全面了解后，清联认为徐海燕目前的生产条件并不符合成立生产型企业的标准，可先成立贸易公司，在寻找到合适厂房后再转为生产型法人企业。徐海燕听从了清联给出的建议,在清联平台上注册了"天津嘉泰商贸有限公司"并将财务工作一并委托给清联负责。

让徐海燕迟迟没有成立公司的原因除了创业初期生产规模较小、生产场地难以达到政策要求以外,烦琐的公司管理事务也是困扰徐海燕的重要原因。作为一名小型民营企业的经营者,徐海燕对增加管理型员工的顾虑较多。如果企业订单出现较大波动或是与员工发生矛盾,企业主经营的压力将会大幅度增加。徐海燕说:"我自己雇用一名财务员工需要每年增加数万元的人工成本,而清联只收取每年数千元的费用,就有专业的财务人员帮我处理账务工作。这种服务很适合我这样的小型企业。而且,除了代理记账之外,清联还利用CEO俱乐部等活动为我们提供了企业家交流的平台。通过清联我也扩展了上下游的客户资源,这对我在天津开展业务也很有帮助。比如我们工厂使用的运货托盘,就是从清联注册的一家企业处购买的。"

2018年,徐海燕物色到合适的厂房后,将工厂搬迁,并由清联协助完成了企业地址转移等工作,企业发展进入了快车道。谈到这些年白手起家的经验,徐海燕认为产品质量和个人信誉是帮她一步步壮大的主要原因。

湿巾制作的程序并不复杂,主要是按照客户需求,在指定尺寸的无纺布中加入消毒酒精后进行独立封装。所以,原材料的优劣就成为保证湿巾质量的关键因素。起步初期,徐海燕为了降低成本,大多使用进口的低价无纺布。随着近年来国内无纺布价格的下降,虽然进口无纺布依然具有价格优势,但是徐海燕已经不再使用进口无纺布了,转而全部从国内生产商处采购。徐海燕说:"虽然进口无纺布的价格更低,但是无纺布的卫生情况和质量难以控制。国产无纺布价格略高,但品质更有保障,所以我现在只使用这些优质无纺布来生产湿巾。"

"对于酒精,我这些年来一直都保证做到'滴水不添',只用75%的酒精来生产。"说到这里,徐海燕随手打开办公桌上的一包湿巾,取出湿巾放到烟灰缸里,用打火机点燃。湿巾迅速燃烧起来,冒出淡蓝色的火焰。这样的产品质量为徐海燕留住了客户,特别是2020年,很多客户将徐海燕制造的湿巾当作日常消毒湿巾来使用。为了满足激增的需求,徐海燕在2020年又以高价添置了2台生产设备,此时她已经拥有了8台湿巾生产设备,日均产量达到近70万片的规模。

进入2021年后,国内各种物资的价格出现了普遍的上涨,无纺布价格从每吨1.2万元提升到每吨1.4万元左右。徐海燕在2020年末时便预测到无纺布价格会上涨,于是她增加了企业库存。无纺布价格上涨后,徐海燕并没有随之提高湿巾的出厂价,她说:"我会用最大能力减少原材料上涨对客户的影响,把福利让给我的客户们。比如这一波无纺布价格的上涨,我会按照采购无纺布时的价格向顾客报价,做到价格低、质量好、涨价最慢。未来如果无纺布价格下跌,我也会随时调整价格,将福利最快传递给顾客。用心做产品质量,用心交客户,是我得到认可的关键。"

　　另一个让徐海燕取得客户信任的原因是个人信誉。工厂车间的一面墙上贴着许多湿巾样品,这些湿巾都是徐海燕为酒店、餐馆等客户定制生产的产品。酒店和餐馆为了宣传自己,都将企业 LOGO、地址、电话等信息印制在湿巾包装袋上。徐海燕说:"虽然这些包装上详细写着最终客户的联系信息,但是我从来不会跳过批发商去联系客户。一些批发商为了将生产商和最终客户'隔离'开,不将印有客户信息的包装袋提供给湿巾厂。湿巾厂生产完产品后,再找工厂贴上客户信息。这样做,会大大提高生产成本。因为我从来不跳过批发商与客户联系,所以我们就直接用印有客户信息的袋子来包装湿巾,这样是效率最高、成本最低的生产方式。不拆台、不撬客户,这是我做生意的底线。"

　　如果从经济学角度来分析徐海燕承诺不跳过批发采购商联系终端客户的行为,我们会发现徐海燕其实是奥地利学派思想的践行者。古代,不论是中国还是欧洲,社会上都流行着一种重视农业和工业而轻视商业的思想,这就是我们常说的"重农抑商"思想。工作人员和大众往往觉得商人的行为不过是倒买倒卖,并没有对社会产生真正的贡献。然而,奥地利学派代表人物哈耶克在《知识在社会中的运用》一文中指出,社会中哪些人在什么地方用什么东西,需要怎样品质的产品,需要多少数量的产品,愿意付出什么成本购买这些产品——这些信息都是重要的知识。这些知识是随时发生变化的,且从来无法被集中到一个人的大脑里。收集这些知识的人,就是商人。商人通过对知识的收集、整理和运用,将生产和需求联系到一起,从而促进了社会生产的发展。徐海燕对批发商的承诺,其实就是对商人群体所拥有的知识的保护和尊重。当徐海燕保护了批发商拥有的知识后,批发商也更愿意将知识分享给她。徐海燕由此也获得了更多的订单,她便可以通过扩大生产规模而提高效率、降低生产成本。

随着生产规模的不断扩大,徐海燕对企业未来的发展又有了新的想法。2020年,徐海燕注册了"徐海燕"和"徐小姐"两个品牌,开始了从加工工厂向自主品牌厂商转型的道路。徐海燕在选择品牌名称时,没有考虑过其他选项,而是决定以自己的姓来命名自己的产品。在商业发展的历史上,以家族姓名作为商标名称的品牌很多,我们今天耳熟能详的品牌中就有美国的福特,日本的丰田、本田、松下和中国长城汽车的高端品牌魏等。这些以自己家族名称作为品牌名的企业家,都将家族的名誉与产品直接关联到一起,所以对产品质量有极高的要求和自信。从这个角度来看,徐海燕选择以"徐小姐"作为品牌的决定,从一个侧面证实了她对自己产品质量的信心。

徐海燕为"徐小姐"湿巾设计了爱、洁和时尚三个产品系列。

其中爱系列面向家庭,主打清洁湿巾;洁系列主要面向女性顾客,主打卸妆湿巾;时尚系列面向年轻消费者,主打个性湿巾。徐海燕正在与设计公司、配方公司等多种外部资源合作,制订各系列产品的设计、生产方案。徐海燕说:"'徐小姐'自主品牌的推广是我未来工作的重心,我一定要把它做起来。"徐海燕平时说话的速度极快,但是说这句话时,她明显地放慢了语速。沉默了10秒钟,徐海燕又低声说了一句:"太不易了。"

为了进一步提高产品质量和产量,徐海燕正在物色新的厂房。2021年,徐海燕又订购了2台全新的生产设备,并计划建设一间"十万级"净化生产车间,生产独立包装消毒湿巾。不过,就像无数中国生产型企业一样,打造自主品牌的道路艰辛而坎坷,明确的市场定位、精准的市场推广、巨大的推广成本、高效的物流配送体系……无数的问题和难关都摆在这些厂商的面前等着一一解决。

做专业的党建咨询人
——新华同力管理咨询有限公司

在天津非公所有制经济组织和社会组织党建工作中,活跃着一个由党务工作者名字命名的党建工作室——孙卫军党建工作室。这个工作室的创立和发展,凝聚着发起人孙卫军同志多年的心血和汗水,倾注着他对党的事业的无限热爱,为服务企业党建工作做出了突出贡献,通过抓党建促发展,推进了服务企业发展质量和效益的提升。

孙卫军出生于革命老区山西省长治市武乡县,1998年以优异的成绩从天津大学毕业。由于孙卫军在校期间在校级学生社团管理中表现出极强的领导力、组织力和执行力,毕业后他被学校选留担任了党委办公室、校长办公室秘书,两年后又响应高校人事分配制度改革要求,竞聘到校党委宣传部工作,先后担任宣传与思想政治教育科副科长、科长与部长助理等职,并获"天津大学优秀管理干部"与"天津大学十大杰出青年(教工)"等多项荣誉称号。2006年1月,完成管理学博士研究生学业的孙卫军怀着以"现代管理助推民族企业国际化"的理想与信念,辞去了大学里的稳定工作,加盟天津知名民企——聚龙集团,担任董事长助理,专门负责企业的管理变革、体系建设与企业文化管理等工作。

出生于革命老区、学生时代即申请入党、毕业后多年从事党政机关工作、攻读管理学硕士和博士期间的深入系统研究,让孙卫军深刻感受到了党的路线、方针、政策与组织优势对引领民营企业健康发展的重要意义。于是,入职不久他便在公司内部的管理调研报告中向董事会提出了"建立企业基层党组织"的建议。孙卫军的建议得到了公司董事会的大力支持,根据上级党组织的提名与党员推举,他担任了公司党支部书记。

孙卫军在聚龙集团工作的10年间,公司业务布局从天津快速拓展至华北、华东、华南等地,之后又进一步延伸至亚洲的印度尼西亚、马来西亚、新加坡和非洲的加纳、多哥、肯尼亚等国家。在聚龙集团快速发展的同时,由孙卫军主持工作的企业党组织也不断壮大,从1个支部、7名党员,发展到1个党委8个支部和100多名党员的规模。在8个支部中还包括了东南亚与非洲2个跨国联合党支部,实现了企业业务拓展"走出去"与党组织管理覆盖的同步建设。党组织引领作用不断增强,孙卫军从最初的支部书记到党总支副书记、党委副书记,成为一名专职的党务工作者。

随着企业的快速发展,孙卫军得以更加深入地开展企业基层党建的研究与实践,他说:"无论是企业还是个人,只有将自己的命运与国家、民族的命运紧密联系在一起,才能有长远的发展。党组织方向引领、服务保证和助推发展等工作对于聚龙集团事业的稳步发展起到了至关重要的作用。企业棕榈油年贸易量连续6年位居内资企业首位,企业员工从500人增长到近1万人,营业收入从20亿元提高到200多亿元。"

聚龙集团的党建工作成果不仅得到了企业内部的认可,也得到了社会各界的广泛好评。聚龙集团党委先后获得"天津市'五个好'企业党组织""天津市非公有制经济组织优秀党组织""天津市非公有制经济组织党组织直接联系点""天津市创先争优先进基层党组织"等多项荣誉称号。企业荣膺"中国民营企业500强""中国民营制造企业500强""全国100大跨国公司"等荣誉称号。

2014年7月8日是孙卫军的生日。恰在这一天,中央组织部专题调研组来到聚龙集团专门调研聚龙集团的党建经验。作为民营企业党建工作探索实践的牵头人,孙卫军所倡导与实践的聚龙党建经验在此之前已经得到了中央领导同志、中央组织部、中央统战部及天津地方领导的批示、批转与批阅。中央组织部调研组的到来,是对孙卫军多年努力的进一步认可与肯定。用孙卫军自己的话说,"这是我的第二个生日"。

在主持负责民营企业基层党建实践与理论研究的同时,孙卫军积极发挥自身在实践探索与理论研究两个方面优势,积极参与基层党建创新实践研究,两次被选派前往中共中央组织部全国组织干部学院学习。他先后当选为中共天津市第十次党员代表大会代表、天津市科学技术协会第八届委员会常务委员、中国科学技术协会第九次全国代表大会代表、共青团天津市委候补委员、委员、天津市工商联第十四届执行委员会委员、天津市滨海新区工商联(总商会)副会长、中国民营经济研究会第五届理事会理事,并担任了中共天津市非公有制经济组织工委委员、共青团天津市委驻北京市工作委员会书记、天津市滨海新区企业家俱乐部副理事长、秘书长等多项社会职务。

面对工作中的成绩和社会给予的荣誉,孙卫军并没有满足。多年所积累的扎实、丰富的基层党建工作经验让他对党建工作在民营企业发展中的重要作用有了更为深刻的理解,他希望将这些经验与更多的企业家分享。

2017年,孙卫军辞去聚龙集团的职务,注册成立了天津新华同力管理咨询有限公司(简称"新华同力"),并担任公司党支部书记、董事长。2018年3月,经天津港保税区"两新"组织党委批准,孙卫军发起成立了天津市第一个以个人姓名命名的党建工作室"孙卫军党建工作室"。孙卫军创建的两个事业平台,一个突出党建与企业文化建设特色,以现代管理咨询的方式,为企业提供组织能力建设专项咨询服务;另一个致力于企业管理干部队伍建设服务与领导力训练。党建工作室和咨询公司的成立,让孙卫军有机会从服务一个企业发展到服务多个企业,从而也可以为党的基层组织建设事业、特别是非公有制经济组织基层党建工作贡献更多的力量。

孙卫军说:"很多民营企业家在创业初期,都是通过自己不懈的努力将事业一点点做大。在创业初期,个人努力是企业发展的第一要素。但是,随着企业成长和员工人数的增多,组织和团队建设将成为决定企业能否发展与存活的关键因素。这时,党建工作就成为引领企业健康发展与企业家及其管理团队健康成长的组织保证。对企业家而言,加强党建可以提升企业家的政治觉悟,加强企业家对国家政策、方针的理解,保证企业始终走在党和国家期望与指引的正确道路上。"

创业后,孙卫军党建工作室吸收了一批优秀的党建指导员、党建导师、党建之友、党建联络员,形成了专兼职结合的党务工作专家团队。孙卫军从企业需求出发,以"专业化服务、平台式运营、专兼职结合、项目式执行"的模式提升服务企业党建工作的整体水平,提出了为企业服务的"红绿蓝三色服务模式"与"六大服务抓手"。即坚持"以党的红色思想引领、以民族优秀文化的绿色理念促进、以国际化的蓝色方法助推"的"三原色"综合服务理念。紧密围绕一线企业在党建、文化建设与组织能力提升等方面的现实需求,通过"区域(园区)基层党建示范点培育、企业党组织建设整体方案设计、党建与企业文化管理咨询、党建品牌塑造与经验凝练、党组织书记领导力赋能、党组织共建活动策划与实施"六个方面抓手,以高质量的管理咨询与培训,服务民营企业高质量健康发展。

近几年来,孙卫军与他的团队先后为天津市300多家企业单位提供了高水平的咨询与培训服务,先后20余次为天津市、山西省、江西省三地的省(市)级"两新"组织中的党组织书记示范培训班授课,并为北京市丰台区,天津市滨海新区、河东区、河西区、南开区、红桥区、东丽区,山西省长治市、朔州市、太原综合改革试验区等市/区的"两新"组织中的党组织书记示范培训班讲授基层党建创新与书记领导力课程,累计参训人数超5000人。由其主持完成的非公有制企业党组织书记能力素质模型专题研究,获得全国党建研究会非公党建专业委员会吉利杯"回眸改革开放四十年,开创改革开放新征程"主题征文优秀奖。团队受天津市新天钢钢铁集团委托,以高水平党建与企业文化咨询为新天钢集团混合所有制改革的深入推进服务,总结凝练的新天钢混改党建经验得到中共中央组织部主管部门的高度重视,并被中组部《党建研究(内参)》杂志与新华社《瞭望》杂志专题刊发。公司党支部两次被评为保税区先进基层党组织,党支部书记孙卫军被评为保税区优秀党务工作者。

除了为企业提供党建与企业文化咨询服务外,上级党群部门也是孙卫军党建工作室服务的重要对象。2018年,受天津市工商联委托,开展了天津市商协会党建专题调研项目,调研成果获得2018年度天津市工商联系统优秀调研成果一等奖。2019年,受滨海新区工商联委托,完成了滨海新区工商联会员企业党建专题调研,并参与完成滨海新区工商联(总商会)所属商会党组织书记企业党建与领导力专题培训。同时,由天津港保税区委托工作室培育的2个党组织被评为市级"两新"组织党建工作示范点、4个党组织被评为滨海新区"两新"组织党建工作示范点。

在孙卫军的统筹推动下,党建工作室与新华同力管理咨询公司实现资源共享,深度参与服务企业的经营管理与业务拓展,推动了企业发展质量和效益的提升。孙卫军将党建工作室的主要工作内容总结为以下四点:

第一,开展党建共建,抓党建促发展。近几年,由党建工作室参与组织,中共天津市委党校、天津市管理干部学院等与瑞恒茂集团开展校企合作,使企业成为学校的教学基地。党校每年都安排处级学员班和外地党校来津交流的学员到瑞恒茂集团参观交流,开展实地教学。党建共建的工作扩大了瑞恒茂集团的知名度和影响力,实现以党建促共建、以共建促发展的效果。

第二,开展党建交流,提升服务功能。2020年,党建工作室与山西省朔州市"两新"组织工委、朔州市委党校合作,承接了其所属党组织书记35人到天津延伸培训的任务。党建工作室组织来津的全体学员先后到15家非公企业和社会组织实地考察、座谈交流,共同学习"两新"组织党建工作经验成果,极大地活跃了两地党建工作的开展,收到了非常好的成效。

第三,开展业务对接,搭建合作桥梁。党建工作室与滨海企业家俱乐部、滨海新区工商联、天津大学天津校友会等社会组织有着密切的合作,孙卫军也担任多家社会组织的副理事长、秘书长等职,党建导师也在诸多社会组织中交叉任职。这些社会组织中的企业需求各有不同,由党建工作室的导师们组织开展企业对接工作,帮助企业做好公共关系和政府事务,用好国家和地方的各类政策资源。以党建工作为桥梁,在企业家队伍和科学家队伍之间建立起相应的连接,企业间实现需求互补、合作共赢。通过对接,企业拓展了业务,增添了效益增长点。

第四,开展赋能培训,提升管理能力。党建工作室为党员干部做党课讲座、为党务干部进行素质培训、为管理干部进行能力提升等,借助政治理论系统学习成果、"两新"组织党建成功经验及卡内基系统培训辅导的优势,广泛开展对包括服务企业在内的企业单位、组织机构的赋能培训,对提高党员党性修养、党组织书记领导力、管理干部经营管理能力起到了重要作用,得到了服务单位和参训学员的广泛认可。

经过近几年的努力,新华同力初步完成了布局。孙卫军用"丰"字来形容公司的战略布局。"丰"字的"三横""一竖"分别代表公司的四项主要业务。第一横是"红色"的,代表公司为客户提供的党建与企业文化建设辅导及公共关系咨询服务。新华同力协助企业强化党建工作，在民营企业中实现党建引领和政策引导。第二横是"绿色"的，代表公司利用行业协会、企业家协会资源为客户实现资源连接。新华同力以民间行会、商会、俱乐部为平台，为客户提供信息服务，实现企业间的资源连接和促进共建共赢。第三横是"蓝色"的，代表公司提升客户人力资源的培训服务。通过培训、科技咨询等服务，实现民营企业主的赋能提升和企业的科技助推。一竖代表新华同力着力打造的创新创业服务业务主线，表达了其希望陪伴民营企业积极向上健康发展、促进民营企业家与员工共同成长的经营理念与愿景。

孙卫军说："随着业务规模和范围的扩大，企业所面对的市场环境也会更加复杂，不确定性随之增加。这时，企业需要稳定与凝聚内部员工，打造团结且有战斗力的管理团队，以稳定的内部组织来应对变化的外部环境。我们越来越深刻地感受到，党的组织建设经验和方法，是企业快速发展中持续强化与打造自身组织能力最好的导航。"

改革开放以来，中国成为世界第二大经济体。在这个过程中，民营企业扮演了非常重要的角色，一批优秀的民营企业也随之做大做强。近年来，随着国内外局势的不断变化，民营企业所面对的发展环境也更加复杂，特别是很多大型民营企业正在面对来自外部冲击和内部管理的双重压力。作为一名共产党员，孙卫军用自己的实际经验探索出一条以企业党建为纽带来提升员工凝聚力和企业竞争力的道路。

每天清晨,孙卫军总会在朋友圈中分享几篇文章,这些文章有中央政策的解读,有企业文化建设的案例,还有党建工作的经验。他就像一盏太阳能路灯,吸收太阳的光热后,点亮自己,为大家照亮脚下的道路。

用最乐观的心态创业

——天津市长鼎营造科技有限公司

李培涛出生于河北省保定市,1998年进入大学,学习机械电子工程专业。大学毕业后,李培涛进入任丘的华北石油,作为中国大学扩招前最后一批入学的学生,那时的大学生身上还带着一些"天之骄子"的光环。李培涛进入华北石油后得到了企业的重用,成为一名负责平台维护的工程师。

虽然得到一份众人认可的工作,但是李培涛自己却并不开心。李培涛说:"这个工作压力不大,我也是当时企业里为数不多的大学生,但是我却不喜欢这份工作。我从进入企业的那天开始,就能看到未来几十年的发展,这不是我想要的生活。"

进入华北石油仅一年,李培涛便递交了辞职申请。这个决定遭到家长和领导双方的反对,所有人都认为放弃这样一份稳定工作的决定是错误的。可是,李培涛已经下定了离开的决心,在经过了与家人、领导长达半年的"斗争"后,他还是辞去了这份让很多人羡慕的工作。

2004年,李培涛来到天津。那时中国刚刚加入世贸组织(WTO),大量外资涌入中国寻求发展,外企为很多年轻人提供了展现自我能力的舞台。来到天津的李培涛进入韩国三星电子设立的研究院,成为研发部的一名工程师。

2006年,李培涛又一次选择了辞职,走上了自主创业的道路。在三星电子研究院2年多的工作经历帮助李培涛熟悉了三星电子在华产业链,李培涛便与几位朋友合作成立了注塑厂,为三星电子制作液晶屏幕的塑料外壳。那时正值互联网在中国快速发展的时期,台式电脑成了家庭电子消费选择中必不可少的产品,李培涛的企业也由此获得了巨量的订单。李培涛说:"在三星工作的几年时间,让我全面了解了三星电子在中国的情况,也对其产品设计、质量等要求和特点非常熟悉。所以我第一次创业起步非常顺利,很快就获得了创业的'第一桶金'。"

由于美国次贷危机爆发,一场"金融海啸"席卷了全世界,"顺风顺水"发展的李培涛迎来了人生中的第一场危机。虽然这次经济危机并未如1997年"亚洲金融危机"那样对韩国财团造成毁灭性的打击,但是经济增速放缓还是直接影响了各国的消费市场。在台式电脑销量骤减、采购商付款周期延长的双重压力下,李培涛的注塑厂遭遇了经营危机。李培涛说:"我们几个合伙人那时都年轻,企业正常经营时大家合作得很愉快,但是当企业遭遇危机后,年轻人缺乏忍耐力的缺点就暴露出来了。现在回想起来,当时企业遇到的问题并不是致命的,如果股东之间能同心协力,企业完全有能力渡过那次危机。"

由于资金流断裂,李培涛的工厂在2009年便处于停产的状态,合伙人也陆续离开。那几年,李培涛的工作就是去下游厂商索要欠款。直到2016年企业注销时,依旧有数百万的欠款无法收回。

第一次创业失败后,李培涛失去了方向感,平时就在家读书、会客。直到2010年,他在与朋友的一次聚会中了解到日韩两国企业对萤石有大量的需求,一些中国商人正在蒙古国从事萤石进出口业务。多年接触电子制造业的李培涛了解萤石不仅是工业生产中生产"氟"的主要原料,还是冶炼企业中重要的添加剂,市场空间巨大。于是,李培涛从亲朋处筹集了数十万元资金,奔赴蒙古国。

来到蒙古国的李培涛在乌兰巴托购买了二手吉普车,几个月内转遍了蒙古国各地的萤石开采场。李培涛说:"那几个月,我不是在萤石矿上,就是在去萤石矿的路上。蒙古国夏天暴晒、冬天极寒,我每天都在户外,全身脱了好几层皮,有种'脱胎换骨'的感觉。"到蒙古国3个月后,李培涛就成了萤石领域的专家,只要把萤石拿在手里,他就能分辨出萤石的成色。

选好蒙古国的供应商后,李培涛将萤石进口到国内,再从天津港装船销往国外。由于2008年李培涛被韩国采购商拖欠了大量货款,所以他放弃了与韩国企业合作的机会,选择向日本企业出口萤石。

2012年后,中日两国的外交关系发生了一些变化。李培涛对日出口业务也受到了影响,货轮时常出现无法正常靠港卸货的情况。李培涛说:"这样的情况对于出口企业而言意味着巨大的风险,如果出现货物损失的情况,我几年的努力都将化为乌有。"因为无法预测中日两国外交情况的走向,李培涛决定放弃萤石出口业务。

　　自2011年进入"十二五"后,节能减排成为中国经济发展的新热点,国内清洁能源产业发展进入快车道。李培涛从萤石出口业务退出后,便与朋友合作进入到新能源产品市场。他参与了多个太阳能电厂的建设项目,在项目执行过程中他又接触到了从事市政绿化和清洁能源项目的领域。

　　2016年,由于华北地区环境污染情况严重,中央和地方政府都加大了对企业排污治理的力度,要求企业全面改造升级排污设备。已经在清洁能源领域历练2年的李培涛又将业务的重心转移到废气、废水治理领域。

　　从清洁能源向污染治理领域的转型,对于李培涛团队而言是一次巨大的挑战。污染治理项目的实施难度远超过了清洁能源项目。企业需要对客户污染现状进行系统的采样、分析后,提出新工艺流程以及工艺流程设计方案,再进行项目实施。

　　李培涛一边招聘专业员工,一边加大了对原有员工的培训力度。他出资组织员工利用工作空闲时间学习建造师课程,对于能够顺利考取建造师资格的员工给予绩效工资奖励。为了鼓励员工学习,李培涛自己也参与了建造师课程的学习和考试,并在2018年成功取得了"一级建造师"资质。李培涛取得的成功激励了公司员工,公司内部学习的氛围也大大提升,3年间共有7人取得了建造师资质。

从央企、外企辞职后,李培涛有过多次创业的经历,每一次创业后他都用极短的时间成了行业内的技术专家。在访谈的过程中,他也会在不经意间谈到创业过程中的一些技术细节。虽然李培涛对于自己的学习能力有着很强的自信,但是他对自己知识的边界保持着清醒的认识。李培涛说:"学习让我了解新知识,更让我知道自己不知道什么。因为我自己成了专家,能更好地判断其他人比我优秀多少、专业多少,这让我在选择人才和合作伙伴时,能做出更准确的判断。"

公司人力资本水平的提高为李培涛承接治污项目提供了保障基础。2017年,李培涛团队承接了北京摩托罗拉大厦污水处理的项目。这个项目每天可将200余吨生活废水转化为中水,一年可节约水资源8万余吨,节省成本20余万元。

随着公司实施项目数量的增加,李培涛不得不面对公司人力资源不足的困境。解决这种困境的方法有两个,增加内部员工规模或者向外部购买服务。李培涛说:"这两种扩张的方式都有明显的利与弊。企业对其内部员工的管理更直接、有效,项目执行的质量也更有保障，但是企业人力成本也更高。向外购买服务使企业的规模更具有弹性，运营的固定成本随之下降，但是合作方提供服务的品质难以控制。"

面对两条不同的发展道路，李培涛选择了向外购买服务的发展模式。为了解决合作方提供服务的质量问题，李培涛采取了两个措施。首先，他通过多年的业务合作，与几家质量可靠的施工方建立了长期合作，并在价格方面给予对方足够的吸引力。不过由于施工队人员流动性极大，这样的合作模式无法在根本上确保施工质量的稳定。所以，李培涛同时加大了对企业员工的培训，让每一个参与项目实施的员工都成为能够高效管理施工队的项目经理。李培涛说："我们企业每一名员工，都是'军官'，他们分散到不同的项目中，就是优秀的项目经理。这些员工具有极强的沟通能力、组织能力和问题解决能力，可以应对施工中出现的各种问题，并确保项目保质、保量、如期完成。"

李培涛这样做的优势在于减轻了公司运转的成本，同时也减轻了企业内部管理、沟通的压力。这个优势在2020年帮助李培涛顺利渡过了受停工影响的艰难阶段。2020年初春，各行业的生产都受到了影响，李培涛团队也处于全面停工的状态。2020年4月，一家企业向李培涛提出利用停工期维护、升级原有设备的要求。李培涛在协作方无法返津，施工人员严重不足的情况下，组织公司全员出动，顺利完成了项目。李培涛说："在正常时期,公司员工主要充当管理协作方的角色。到了特殊时期,这些人还可以自己动手完成项目。他们既是好军官,又是好士兵,他们更像一支'小而精'的特种部队。"

不过,李培涛很早就意识到公司未来的发展需要以充足的人才储备为基础,没有人才的企业是永远无法壮大的。他一方面通过大学"校招"挑选优质毕业生进入企业,另一方面也通过社招引进具有丰富工作经验的员工加入。"我很喜欢年轻的大学毕业生,他们能给公司带来活力。但是,现在大学毕业生的实际动手能力、组织协调能力往往达不到企业的要求,需要很长时间的培训与工作才能胜任岗位的要求。所以,我招聘应届毕业生时会非常谨慎,目前主要是通过社招来扩大团队规模。大学教师应该多思考一下如何培养出更加符合企业需求的大学生。"李培涛笑着说道。

公司规模扩大的同时,李培涛对于自己管理能力的要求也不断提高。李培涛觉得很多施工公司的组织管理都很像"水泊梁山",老板的角色像是个"大哥",自己的企业也是如此。李培涛说:"因为施工企业项目种类多、复杂度高,所以企业家往往以更灵活的方式来激励员工,有时候很像是宋江带着众兄弟'大口吃肉''大口喝酒'的状态。不过,随着公司逐步壮大,我们必须改变团队这种江湖气,这才是企业未来的发展方向。"

为了更好地管理企业,李培涛将很多精力都花在提高自身管理能力上。他自学管理类课程,并积极参加各类培训。李培涛说:"学习是我终身的工作,以前主要是学专业知识,现在则是学管理知识。我一直把企业注册在清联平台,有一个重要的原因就是它为我提供了很好的学习机会。清联定期会举办企业家沙龙,我可以和各行业的创业者、企业家们交流经验。虽然创业者的行业有所不同,但都在经历从小做大的过程,因此遇到的管理问题也有很多类似之处。通过大家的交流,他人的一些经验和做法都会对我有所启发。同时,清联还会定期举办一些公益的培训,比如沟通技巧、心理学、管理学等讲座。这些授课的专家有些就是创业者,有些是行业内的专家,他们培训的内容都具有极强的可操作性,对我的帮助很大。清联不仅是我企业的管家,也是我自己提高能力的学校。"

李培涛认为除了"人"之外,"钱"是中小企业发展中第二个瓶颈。工程类公司在项目实施阶段需要"带资入场"已经成为行业惯例,这使得企业在项目中需要提前垫付大量设备、原料和人员成本。李培涛说:"如果是普通的项目,我们会利用自有资金来负担前期的经费。如果遇到'吃不下'的大项目,我们往往通过成立'项目公司'的方式,吸引同行业其他伙伴出资合作完成项目。因为都是同行,大家对行业的规则都很了解,这样就形成一种'风险共担、收益同享'的模式。如果采用民间融资的模式来筹集资金,虽然账面的利润可能会增加,但是企业运营的成本和风险都会增大,特别是遇到回款延迟的情况。"

对于资金限制方面的困难，李培涛认为"垫付"部分设备、材料成本的压力远远小于企业每月支付施工人员工资的压力。作为解决中国就业的重要行业，工程类企业雇用了规模庞大的劳务人员。随着中国各级政府对"农民工"权益保护力度的加大，企业目前基本形成了对工人工资"刚性支付"的局面，而这样的现状将大部分的资金压力集中到了承接项目的企业主一端。李培涛说："很多工程类项目启动前都需要经过政府的审批，提交相应的资金证明又是项目启动的前提。但是，项目实际的进展中甲方却往往不按照'项目可行性方案'的计划来支付资金，这使得施工企业承担了极大的压力和风险，不利于整个行业的发展。"

在一系列访谈、调研中，李培涛是笔者遇到的最乐观、积极的企业家之一。他从来不避讳自己的失败，也没有过分的谦虚，有时候他甚至会以一个旁观者的角度来谈论自己的经历。整个访谈过程中，李培涛用得最多的口头语是"想办法解决呗"。对他而言，问题和困难是绝对会出现的，他每天要做的事情就是去解决各种新出现的问题。李培涛说："我现在从事的工程类工作，出现实际情况与设计方案不相符，施工中遇到技术困难，甚至是员工在工作中受伤都是极正常的。我担心出现问题，问题就不会出现了吗？我只能努力做到减少问题出现的频率，把可控的风险降到最低。当问题出现时，再全力以赴解决问题。我不喜欢问题，但是我也不害怕问题。"

为一颗"中国芯"奋斗终生

——天津铜汇芯德科技有限公司

2021年初来到天津铜汇芯德科技有限公司(以下简称"铜汇芯德")调研时,公司办公室正处于装修整理期,办公室里隐隐还能够闻到乳胶漆的味道。

王伟是铜汇芯德的创始人,是一名土生土长的天津人,1988年毕业于天津大学半导体专业。20世纪80年代的大学生们是社会公认的"天之骄子",成绩优异的王伟毕业后有两条道路可以选择,进入国营电子企业或研究机构。从小就有科学家梦的王伟放弃了进入企业的机会,进入到信息产业部电子第46研究所,从事喜欢的研究工作。进入研究所后,王伟展现出了极高的工作热情,为了记录实验数据,他经常几天几夜住在实验室。仅仅3年多的时间,王伟就被评为特聘工程师,成为所里的研究骨干。

1995年,王伟为了提升科研能力赴香港理工大学攻读硕士。这次求学经历成了王伟职业生涯的转折点。在校期间,王伟接触到了半导体领域最新的研究方向和成果,研究的过程中王伟越来越意识到想在半导体领域做出有突破性的成果,不仅需要努力,还需要在数学、物理等多领域有远超常人的能力和天赋。王伟说:"在香港理工大学的学习、研究经历让我开始认真思考自己未来的道路。我认识到我可能不具有做一名科学家的潜质,在纯研究领域我可以上升的空间并不多。"

硕士毕业后,王伟经过长时间的思考最终选择辞去研究所的工作。2000年,王伟进入了美国K&S公司,从事封装设备销售工作。K&S公司是世界最大的半导体封装设备制造商,其生产的"键合机"在半导体封装市场占据绝对的优势地位。让王伟选择这家公司的原因除了企业给予的丰厚薪资外,还与他对自己新的职业发展规划有关。

王伟说:"半导体产业大体分为设计、晶圆制造、封装和测试这4个环节。我之前的工作主要是与晶圆制造和测试相关的工作,不过我发现自己并没有这样的天赋和能力,无法取得突破性的进展。半导体封装在半导体领域里处于'鄙视链'的下部,是业界里被认为技术含量较低的环节。不过,如何高效、低成本、高成品率地完成封装,使半导体器件可以被客户安全地使用,既需要精密设备方面的专业知识,也需要对封装芯片有深入的了解。我在半导体测试、晶圆制造方面工作了多年,这些经验在封装环节都非常重要。我既然做不了芯片研发的科学家,就希望未来能做一名半导体封装领域的优秀工程师。"

进入K&S公司后,王伟被派到上海工作。那时正值大量外企在上海、苏州、昆山等地建设了半导体封装厂,王伟的工作就是向这些工厂销售封装设备。王伟的客户中既有英特尔、AMD这类从事芯片研发、制造、封装的全产业链顶级企业,也有艾克尔科技这类以半导体封装、测试为主业的子产业龙头。在K&S公司工作几年后,王伟与几位朋友一起创办了自己的封装设备公司,向市场销售二手封装设备和设备配件。

几年的设备销售工作让王伟成了封装设备领域的专家,长期与封装企业客户的合作也让他对封装企业的运营有了深层次的认知。2006年,国内首家半导体上市公司吉林华微在广州新建设了封装工厂(广州华微),王伟被吉林华微聘请成为广州工厂的第一任总经理。

上任后王伟得以更加深入地了解半导体封装行业的状况,从工程师到管理者身份的转变也让他的工作压力和强度大幅度提升。不过,管理者的身份也让王伟从一个全新的角度理解封装环节。王伟说:"管理工厂几年间我最大的收获是有了'产业意识'。打一个比方说,我们工厂封装半导体的成品率是85%,如果有一段时间成品率达到了90%,很多人可能会觉得这是好事。反之,成品率如果下降到80%,那就是坏事。但是在我看来,成品率的波动并没有好坏之分,我要做的是找出导致波动的原因。这是一种产业意识,我是在工厂管理工作期间慢慢养成的。"

为了管理好封装厂,王伟把全部的精力都投入到企业之中,他的儿子与妻子一起生活在上海。与家人长期两地分居的生活让王伟无法照顾妻子与儿子,在工作3年后王伟辞去了广州的工作。

2010年,王伟在天津成立了天津津泰锝科技有限公司,自己做起了封装机销售和维护的生意。王伟在K&S公司做销售时,就已经将家搬到了上海,这次创业本可以在上海成立公司,既能更好地陪伴家人,又方便与长三角地区的客户沟通。可是,王伟却将公司成立在天津市,家人都很不理解。王伟选择回归天津市创业的背后,是他心中一个巨大的计划。

多年封装机销售和封装厂管理的经历让王伟已经成为这个领域里资深的专家,他深刻地体会到封装设备在实际使用中存在的各种问题。当时市场主流的封装机使用的是"引线键合"技术,这种技术是利用超声波加压将引线与芯片进行焊接。王伟说:"这个加压过程就像我们在家包饺子时,最后用力把饺子皮捏到一起的感觉。"不过这种焊接工艺在某些情况下会对芯片产生不利的影响。比如在"引线键合"过程中需要施加10G~1000G的键合力,而键合力的施加会对芯片及贴片层产生冲击。在芯片尺寸不断缩小的趋势下,键合力对芯片的冲击会经常导致器件损坏或使用可靠性降低。并且,在现行的键合工艺下,引线线径、键合间距、键合引线的运转速度都已经接近极限,引线互联环节已无法跟上半导体封装发展的步伐。

王伟这次创业是带着改进(甚至是颠覆)传统键合工艺的梦

想开始的。正因如此,王伟选择回到天津,在这里他可以从母校天津大学中获得学界专家们的支持。创业后,王伟一边从事封装设备的销售和维护工作,一边开始了对半导体封装技术的改进研究。母校天津大学的姚建铨院士、张大卫和赵毅强教授等专家都非常支持王伟改进半导体封装工艺的想法,成了指导他研究工作的专家团队。

进行科研创新的过程不仅是布满荆棘的,还是一条"烧钱"的道路。10年间,王伟将做设备代理的利润全部投入到新设备的研究之中。王伟说:"如果我继续将主业放到封装设备销售领域,工作会既轻松又赚钱。可是到了我这个岁数,赚钱已经不是最重要的事情了。我从小喜欢华罗庚,认为那样的科学家是最伟大的。虽然我后来知道自己不能成为科学家,但我还是可以成为一名优秀的工程师,用自己的知识来报效祖国。"

研发创新的道路比王伟想象得要艰辛得多。王伟首先要解决的是键合力的问题。出于无压力需要,王伟要从键合之外的熔融焊、摩擦焊和钎焊等焊接工艺中选择。经过无数次的实验,王伟最终选择了用钎焊工艺来替代键合焊接。在选定了钎焊工艺后,新的问题迎面而来。键合机经过几十年的发展已经到很高的水平,其焊接速度可以达到细金线25000线/小时、粗铝线7000线/小时的水平,这是普通钎焊工艺完全无法达到的速度。而且半导体的内引线在正常工作时不仅传输电信号,也是内部散热最重要的通道,因此要求钎焊料必须具有高的导热导电性。这两项限制正是键合工艺虽有诸多不足,但依旧被广泛应用的重要原因。这时王伟选择在天津进行科研的好处便显现出来,他通过向天津大学胡绳荪老师、南开大学徐小轩老师求教,进行了三四年的不断试验终于得到了较为满意的替代方案。

在确定了焊接方法和钎焊材料后,王伟还需要解决如何用自动设备实现工艺动作的问题。半导体封装中的引线焊接在极小的空间中进行,速度极快。传统工艺键合机的焊点精度是1.5微米级别,焊头每小时上下动作10万次,加速度达到$15m/s^2$,仅刹车部件的使用寿命就会直接影响设备的稳定运行。如何将新焊接工艺在封装机中实践,各种部件如何选择等问题又使研发工作陷入困境。

在科研团队的不懈努力下,2018年王伟获得了多项发明专利,研发的封装样机终于调试成功。从2010年到2018年,王伟将做封装设备代理的全部利润都投到了新机器的研发之中。王伟说:"买配件、做实验、去全国各地开会、调研,起初我还记一下账,时间长了我就懒得记账了。不过在研究上保守估计也投入了1500万左右。"

样机研发的成功并没有给王伟带来太多的喜悦,因为此时他要面对的困难已经超出了自己能够解决的能力。按照封装行业的惯例,新样机研制后还要经历样机评估。王伟需要将若干台样机交付封装厂试用9—12个月,对样机在工业生产真实环境下的全负荷运转情况、成品率等指标进行测试。因为真实生产环境与实验室有着诸多不同,所以样机只有通过封装厂的评估环节,才能够正式向使用方销售。以向客户提供最少12台样机估算,制造样机和评估小组的运营还将要花费800万至1000万元。

王伟说:"在研发阶段,我是有了利润就投入研发,钱花完了就等着卖了机器后拿到钱再继续,那时是细水长流的状态。可是到了样机生产和评估的阶段,我需要一次投入1000万左右的费用来生产和评估样机,这是我自己目前无法承担的投资额。"

此时,王伟开始与投资人等进行沟通,希望能够吸引到外部资金的投入。不过,与各类投资人的沟通难度远远超过了王伟的预计。首先困扰王伟的是很多人对于半导体封装行业的不了解,甚至还有人向他提出"这个行业是不是属于高科技产业"的疑问。王伟说:"虽然半导体封装行业在产业链中处于相对低端的位置,但是封装设备的设计和制造肯定属于高端设备制造业。国内在高端设备制造领域被外国厂商限制,行业发展缓慢。我经常被问这个行业是否属于高科技产业的情况,很直观地反映了社会对这个行业的真实看法。"

第二个困扰王伟的难题是投资方对创新项目的态度。绝大多数的投资方在了解到项目处于研发阶段时,就马上失去继续洽谈的兴趣。即便王伟解释产品已经完成了所有客户端的试验环节,客户端样机的评估也会很顺利完成,但投资方依旧表示不能承担投资失败的风险。通过近几年的融资交流、路演,王伟已经适应了普通投资公司的保守心态,同时也为各类投资者和制造业自身不注重研发的现状担忧。此时的王伟觉得与其一味地哀其不幸,不如自己加倍努力,尽快将产品推上市场,待盈利后便可出资扶持其他勇于创新的来者。

2020年,王伟来到天津市滨海高新区,滨海高新区整体的风貌让王伟有了耳目一新的感觉。王伟说:"当接触到滨海高新区的政府工作人员后,我发现他们有着更强的做事动力。高新区科技创新局的工作人员在了解了项目后,表现出很强的兴趣。他们主动了解封装设备行业的发展现状,并帮我出谋划策。"

另一个让王伟感受到高新区良好创业环境的是其为创业企业提供的软服务。清联集群注册平台为王伟提供了"初创企业服务包"的一揽子创业服务。王伟新企业的注册、地址托管、银行开户、财务记账、高新企业申报等工作全部由清联来负责完成。2020年7月,王伟在清联平台上注册了"天津铜汇芯德科技有限公司"。针对王伟电子制造行业的特点,清联还专门派出了有几十年电子行业工作背景的客户经理袁经理协助王伟进行公司运营、高新企业申报、政府沟通等具体业务。袁经理说:"初创高新技术企业有技术积累,但不了解政府资助政策。清联长期协助企业申请各类政府资助项目,具有丰富的申请经验。清联还与招商局、科技创新局等机构保持着密切的沟通，可以协助客户获取更多的信息与扶持。铜汇芯德在清联的推荐下进行了多轮的沟通、路演，未来获得政府专项扶持资金的可能性极大。"

2021年初，王伟在高新区租用了办公场地，正式着手天津办公室和实验室的运营工作。王伟说："在资金能够到位的情况下，我们可以在1~2个月内完成样机制造的工作，之后需要3个月的样机评估。如果能顺利完成评估，那么就可以接受订单和生产设备，预计12个月可以完成第一批订单设备的交付工作。之后，我们计划在天津建设组装生产线，到18个月时便可以开始第二批设备的生产工作。"

目前国内封装设备处于外商垄断的状况，美国的K&S公司、ASM太平洋科技公司和日本的SHINKAWA占据了国内约90%的市场份额，国内仅有几家企业向市场提供低端半导体封装和LED封装设备。国内设备在一致性和效率等方面都远不及外资厂商，封装设备市场国有化率亟待提高。根据SEMI（大半导体产业网）的统计，中国封装设备年需求在200亿元的规模，国外品牌键合机的采购成本大约为每台25万美元（折合人民币约159万）。王伟创新的无压力封装机在焊接速度、重复精度和引线性能等方面较国外产品都具有优势，而价格仅为每台70万元人民币，约是国外同类产品价格的一半。更重要的是，王伟创新的设备如果能够在市场广泛使用，那么中国芯片封装环节被国外企业"卡脖子"的情况将大大好转,国内厂商对世界市场的控制力也将大幅度提升。

2021年,因为外国产能减少,键合机市场出现了一波极为火爆的销售行情。国内企业采购国外键合机不仅要支付高额的定金,还要等待将近半年才能收到厂商的机器。供不应求的局面拉高了键合机的市场价格,这使得本就处于薄利状态的国内封装企业经营压力大大增加。这种局面让王伟更加希望能够尽快筹措到资金,将新产品推向市场。为此,王伟一边委托清联继续与政府相关部门沟通,推进政府资助的落地,一边与更多民间投资机构接触,探讨股权投资的可能性。

天津市委在"十四五"规划中明确提出了"坚持制造业立市、建设制造强市"的目标,其中将"提升高端装备"作为制造业立市的重点发展方向。已经"知天命"的王伟作为一名土生土长的天津人,亲身经历过天津经济最辉煌的时代,也亲眼见证了长三角和珠三角经济的快速崛起。在芯片产业摸爬滚打一辈子的王伟现在最大的愿望就是能够为天津高端设备制造的发展做出一点贡献。

这是一台王伟用自己一生的经验沉淀所得的封装机,是王伟对中国芯片制造领域的一份贡献,也是王伟用来报答天津养育之恩的礼物。在调研过程中王伟多次说道:"我没有实现儿时成为科学家的梦想,但我现在是一名具有极强产业意识的工程师。我用知识报效祖国的梦想还在继续。"

2021年7月,笔者突然得到王伟因突发心脏病而离世的噩耗。离世前,王伟刚刚在清联的协助下与清华大学校友的投资基金确定了投资协议,创业之路已经看到了曙光。可惜,王伟自己却在朝阳升起时停下了脚步。一个家庭失去了支柱,一个企业失去了核心,而中国失去了一名优秀的工程师和创业者。

很可惜,王伟没有看到此书的面世,更可惜的是王伟没有看到自己创造的封装机正式进入市场。只愿那些正在为中国的技术进步而奋斗的人们,能站在前人的肩膀上继续前行。

仅以此文献给王伟。

逝者安息,生者前行。

养老行业的一名老兵
——居家乐科技发展有限公司

孙波出生于1969年,父母是20世纪50年代毕业的大学生。成长在知识分子家庭的他从小就勤学好问、品学兼优。1988年,他以优异的成绩考入了天津大学电化学专业。在校期间担任天津大学学生会体育部长和学生会副秘书长兼系学生会主席,作为优秀大学生,他在大学三年级时就加入了中国共产党。

1992年毕业后,孙波被分配到天津市第一机械工业局下属的天津市蓄电池厂工作。进入蓄电池厂后,高才生的身份让孙波受到了企业领导特别的关注,他被安排在生产车间、研究所、销售部等主要部门轮岗培养。在两年的轮岗工作中,孙波表现出了极强的组织和协调能力,因此在结束轮岗培训后成为企业的重点培养对象,直接调入了团委任团委书记。90年代初期的中国正在经历着一场巨大的变革。1992年,中国改革开放进入加速期,外资企业、民营企业迅速发展,国有企业在外资和民营企业的夹击下陷入生存危机。天津市蓄电池厂在这场变革中面对来自市场的剧烈冲击,其生产、经营状况无法满足孙波对自己职业发展的要求。

1995年，孙波辞去了天津蓄电池厂的工作，加入到天津统一工业有限公司，到营销部门工作。孙波主要负责企业产品的市场推广工作，因此他成为接受国际化企业专业营销培训并具有丰富国内市场经验的专业人才。

　　1997年末，天津力神电池股份有限公司（简称力神电池）成立，作为国内第一批进入锂电池生产的国有企业，力神电池急需拥有丰富的行业知识背景和销售经验的专业人员，以实现企业的快速发展，减小与国外厂家的差距。孙波在行业中丰富的工作经验和大学的专业背景非常符合力神电池的需求，力神电池向孙波发出了邀请，希望他能进入企业销售部工作。孙波接受了力神电池的邀请，并凭借着出色的营销技巧和管理能力，在力神集团快速晋升。

　　2004年，已经成为力神电池营销总监的孙波被企业推荐去南开大学EMBA班学习，命运向他打开了一扇新的大门。在南开大学学习期间，孙波了解到2010年前后社会老龄化问题将愈加突显。但是，中国养老服务行业还未得到很好的发展，因此未来的中国必将出现一个巨大的养老缺口。此时的孙波刚刚36岁，对于一般人而言，这样的年龄并未感受到来自双亲巨大的养老压力。可是，孙波的父亲在58岁时因病去世，这段经历让他较早对赡养老人所带来的各种压力有了亲身的体会。孙波说："我印象中唯一给父亲买过的礼物是一件皮夹克，没能为父亲多做一些来报答养育之恩是我这一生最遗憾的事。所以,我总是希望能替现在的子女们为老年人做点什么,让他们不留或少留遗憾。如何用社会力量帮助年轻人尽孝,成为我的一种情结和愿望。"

心向往之也需脚踏实地。2005年孙波与几位EMBA校友一同成立了盛世阳光科技有限公司(以下简称"盛世阳光"),成为养老产业的一名创业者,开始了养老服务的探索。通过前期大量的调研工作,孙波和他的团队将公司定位为"养老服务"的提供机构。孙波说:"与养老院这样的机构养老模式不同,我们是通过为老年人提供其生活所需的专项服务,让老年人在家中享受到更好的老年生活,并协助子女提升老年人生活质量。这种为居家老人提供服务的想法超前于当时社会认知。在我们注册企业时,遇到的一个'小问题'就充分体现出我们是第一批吃螃蟹的人。当时,国内企业注册时涉及养老行业的服务内容仅有养老院一项,工商注册的企业服务内容中尚未包含'居家养老服务'项目,因此我们只能以科技公司的形式来注册企业。"

在EMBA的学习让孙波有足够的机会与学者和来自各界的社会精英探讨企业的发展规划,这让创业时的他比普通创业者有更深厚的理论基础。创业初始孙波便提出了"政、企、媒、研"四根支柱推动养老企业发展的策略。"政"指政府。养老产业与其他产业不同,是直接关乎社会民生的事业,所以政府的引导、支持和参与必不可少。"企"指企业。企业是提供各类产品和服务的主体,具有对市场需求反应迅速、资源利用效率高、机构组织灵活等优势，是所有服务内容的最终载体。"媒"指媒体。只有通过媒体的宣传，发挥舆论导向作用，才能让更多人关注到中国人口老龄化问题，让更多的资源得以进入养老行业，养老产业才能有更好的发展环境和空间。"研"指学界。通过学界的深入研究，将养老企业运营中的问题和经验进行总结和抽象，提出符合中国国情的养老服务模式，进而将成功的商业模式向全国推广与复制。

为了了解老年群体的需求，孙波带着团队在银行、医院、公园、菜市场等老年人密度较大的地方访谈、调研。经过分析研究，他提出了"为老年朋友服务，替年轻人分忧"的整体服务理念。针对这一理念，盛世阳光在银行、家政、旅游、保险、通信等领域为老年人提供"套餐式"的标准化服务。盛世阳光与天津敬一堂药业、圣西林糕点、陈林洗染、宝岛眼镜、爱士特家政服务等几十家企业签订了合作协议，以折扣价格向老年客户提供产品和服务。在天津市政府相关部门的推动与支持下，盛世阳光与平安保险合作设计了针对老年人的意外伤害保险——"老来福"险；盛世阳光与天津华夏银行联名推出"华夏盛世阳光"联名卡，这是国内首张专门面向老年客户群体的银行卡，不仅免收开卡工本费、年费和跨行手续费，老年客户持卡在华夏银行自助设备上缴纳煤、水、电、气费等还免收手续费；为了解决老年人与子女沟通联系的问题，盛世阳光与通信公司联合推出了20元通话200分钟的"乐龄卡"电话套餐,并在短短3个月的时间内免费发放了4万部小灵通手机,为企业、老人之间找到了最佳契合点,收到良好的社会效益和经济效益;作为所有服务的信息整合平台,盛世阳光构建了"盛世阳光为老服务"网站,将所有合作商家信息整合到网站之上,以便老年客户进行查询。公司在几年间推出的一系列产品得到了社会各界广泛的关注,中国老龄协会、天津市老龄办等机构多次到盛世阳光进行调研、考察,《人民日报·海外版》《天津日报》等媒体也多次对盛世阳光进行报道。

2007年,因为在养老服务产业中做出的成绩,孙波承接了天津信息办公立项支持的老龄信息化工作。在2010年,他被中国老龄产业协会聘为理事,负责协会信息化工作。在北京工作的几年,孙波有了更好的平台来观察世界各国养老产业的发展状况,他发现"居家养老"模式是各发达国家面对老龄化问题时最主要的解决方案,在家庭中度过老年时光的老年人的比例达到90%。国外一些老年人在失去自理能力后才会选择进入养老机构,老人在养老机构中的生活时间大约为2~3年,所以国外养老机构仅提供老年人口5%~7%的床位,却能为50%的老人提供养老服务。

随着中国老龄化程度的加深,国家老龄化问题也越来越受到重视。党的十八大报告中便提到了中国要建设多元化养老模式,推进社会化养老体系建设等多项建议,地方政府根据党的十八大报告的精神纷纷推出了发展地方养老体系的方针。党的十八大后,民政部门大力推广,上海率先提出"9073"养老产业发展模式:90%的老人居家养老,7%的老人在社区提供的帮助下居家养老,3%的老人进入专业养老机构,居家养老即将是大多数老年人未来养老的选择。为了更好地贴合新的政策和企业发展路径,孙波创建了天津市居家乐科技发展有限公司(以下简称"居家乐"),这也代表着他对养老行业的发展认知进入了一个新的阶段。

2013年,居家乐提出了"113X"的服务架构。第一个"1"是搭建一个信息化平台,利用电脑、手机、电子设备等将老人的各种信息和需求传递到信息平台。平台作为服务的信息入口,整合全部养老服务信息。第二个"1"指一个养老服务中心,是依托于居民社区的养老服务实体,这个中心将承载各类养老服务,解决养老服务中"最后一公里"的服务落地问题,给老年人看得见摸得着的安全感。"3"为居家老人提供的3大类服务内容,即"生活照料""健康护理"和"精神慰藉"三个服务领域。"X"指针对三个服务领域的多项服务内容。孙波在原有的旅游服务、家政服务、购物配送、支付服务等基础上,又提供了配餐服务、提醒服务、实时视频监控、GPS定位、居家安防监控、电子挂号、健康体检和体测、亲情可视电话等多项服务内容。为了将信息化技术应用到居家养老服务领域,居家乐与科技公司合作开发了智慧居家宝(家庭智慧终端)、先觉者智能健康机器人等产品。多项信息化养老产品的推出让孙波获得了政府的重视。2013年,居家乐先后申请到天津市重大科技项目和国家科技惠民项目的立项,获得天津市科委、市民政局、市财政局以及各区政府的大力支持,得到科研经费。2014年,居家乐推出的项目得到科技部、财政部科技惠民示范项目称号,2016年获天津市民政局智能居家养老推介会首推项目,2018年荣获"大国养老"全国十大先进模式,2019年获评国家工信部新型消费信息示范项目。

为了进一步将网站平台推向移动端,居家乐将原有网站的内容重新进行整合后,开发出了服务APP。随着微信"小程序"的推出,孙波团队又研发了基于微信的小程序软件,希望利用微信平台将业务向手机端转移。孙波说:"移动端信息平台建设和智能设备的研发都需要大量的资金投入,但是目前养老又无法像游戏、汽车等产业那样获得社会资本的关注,所以政府资助成为企业获得资金的主要渠道,但政府资助的规模也相对有限。"

信息化平台建设和智能设备研发是为了更便捷、高效地收集、整合和传递老年人信息,而养老服务最终的实现需要社区的养老服务中心来完成。截至2020年,居家乐已经在天津市的5个行政区中运营了由政府主导的居家日间照料服务中心,这些服务中心成为老年人日常生活服务的基地。居家乐将优质的物业管理、家政服务、安防保障、医疗援助、精神慰藉等外部服务资源汇集到各个养老服务中心。当老年人有需求时,可以与养老服务中心联系,并由服务中心安排相关专业人员为老年人提供服务。

除了打造自己的社区服务中心外,居家乐还与其他经营社区养老服务中心的机构合作,将专业服务机构推荐给更多的社区养老服务中心。居家乐细耕养老服务产业多年,对各家服务机构的专业水平有更深的了解,而现在进入养老产业的很多经营者都缺乏相关的社会养老资源,他们自己挑选服务机构的成本过高。居家乐通过向这些经营者推荐优质服务机构,实现了为社区养老服务中心"赋能"。有了更多的窗口来接受服务订单,居家乐对服务机构的议价能力也更强,可以帮老人降低服务成本。居家乐扮演专业服务机构与社区养老中心之间"中介"桥梁的形式有利于扩大自身的影响力,将社区养老服务中心作为窗口和基地,增强企业的议价能力。

　　居家乐一边发挥"平台"和"中介"作用,一边也在打造自身的特色服务内容。先觉者智能健康机器人就是居家乐自主开发的一款基于智慧养老理念的特色产品。智能健康机器人通过对人面部毛细血管的扫描与对比,为检测者提供关于心血管、内脏、内分泌等多方面的身体健康评估报告。检测者根据评估报告的提示,了解自身健康的总体情况,便于检测者及时发现身体健康问题,及早就医。居家乐研发健康机器人的初衷在于公司发现老年人普遍存在对体检的排斥心理,造成这种局面有体检费用偏高、体检程序复杂等多个原因。如果不能定期体检,会导致老年人因无法及时发现疾病而错过最佳治疗期的问题。正是基于这些问题,居家乐开发出便于老年人检测身体状况的健康机器人。

健康机器人研发成功后得到了很多专家的认可,医疗和养老领域的专家都认为通过这款产品,可以让老年人以极低的成本来监测身体健康状况。很多地方政府也计划采购健康机器人,并将其配置在社区服务中心或社区医院等处,便于居民使用。2020年很多地方政府调整了采购计划,健康机器人的采购订单受到了一定影响。为了减少企业运营成本,居家乐在2020年5月将负责智能机器人业务的公司转到清联集群注册平台。孙波说:"智能机器人的销售受阻后,我需要降低企业的运营成本。所以,我将天津市乐民科技发展有限公司转入清联平台,由清联平台协助我完成财务、年检、运营等工作。这样做,我可以节省很多房租和员工开支。而且,清联还协助我完成高新企业的认定工作,节省了我很多精力。"

为了维持各个社区养老服务中心的运营,居家乐在2020年推出了"社区大集"活动。他与粮油公司、食品厂、养鸡场等直接合作,定期为厂商在社区举办促销活动。这样,社区老人可以获得优质、低价的生活物资,居家乐也可以根据销售规模从厂商获得一定的销售返利。通过缩短产品流通环节,消费者、厂商和居家乐实现了"三赢"的局面。

对于居家养老模式的未来,孙波认为如何让社区养老服务中心拥有持续的"自我造血"能力是最棘手的问题。目前,各地政府都加大了社区养老服务中心的建设力度,也对服务中心的运营模式进行了许多尝试,但绝大多数服务中心都需要利用政府资助维持运转,自我造血能力不足是普遍存在的问题。孙波说:"我在养老服务行业做了 15 年,到现在还处于'打猎'的状态。也就是说,我不知道下一次能够为企业带来资金和收入的事情是什么。资金可能来自政府的项目资助,也可能来自一次成功的商业合作,但是能够为企业带来持续收入的项目极少。这是目前国内养老服务产业的通病。我看过很多大企业进入这个领域,他们都实力雄厚、野心勃勃。可惜的是这些企业对养老行业的判断过于乐观,真正进入养老产业后发现推出的养老项目大多也无法获得长期稳定的收益,所以很多企业都浅尝辄止,最终退出了市场,无法为养老行业提供持久的服务。所以,我现在不能肯定什么项目可以成功,但是我知道什么项目是个坑。因为,我看到太多失败的案例了。"

对于自己事业的未来,孙波比喻说:"我和同行谈起老龄化时,总用一个例子来说明。老龄化就像是天空中巨大的乌云,这些乌云中的含水量相当于几千头大象的重量。地面上都是等待下雨的各类养老服务企业,我们要做的是如何让雨水化为甘露,滋润干涸的养老市场。"作为一名创业者,孙波希望通过对老年人优质的服务来获得企业的持续发展和收益。对社会而言,这些深耕养老产业的从业者还担负着防止老龄化的"暴雨"转变成"洪水"危机的使命。

　　作为一名在养老产业中摸爬滚打了10余年的"老创业者"，孙波看到了更多优秀的人才开始进入到这个领域。面对中国养老产业今天的困局，孙波坚信，随着国家相应政策不断的出台和各界人才的共同努力，养老行业定会从困境中破局，找到合适的方向。

后 记

写这本书的想法是从 2019 年开始的。那时清联运营了 4 年,服务的各种公司已经超过 2000 家。我觉得从 2015 年出现的"双创"风暴开始至今,已经到了需要进行阶段性总结的时刻了,于是我找到天津财经大学的丛屹和董磊两位老师,和他们聊了我的想法。

丛屹和董磊两位老师是我的旧识。当我还在天津电视台做制片人时,丛屹老师经常来我的《先行一步》节目做嘉宾,董磊也常常参与节目的录制。2013 年董磊出版了"战后经济发展之路"系列丛书,作为读者我非常喜欢董磊叙事的风格,便希望他能执笔此书。

丛屹和董磊老师非常认可我的想法,他们对中国特色社会主义经济体系有着长期的研究,也对民营经济在中国特色社会主义市场经济中扮演的重要角色有很深的体会。达成共识后,我们便开始规划访谈工作。我负责挖掘客户中的典型案例,董磊负责对这些创业者进行采访和案例写作。

访谈工作并未如想象那般顺利。一方面,2020 年初席卷世界的新冠肺炎疫情让访谈工作难以顺利进行。得益于国内控制极具效果,访谈在2020年4月份逐步展开。另一个困难在于说服创业者们将自己的真实经历和想法与大家分享。私下里,我听很多创业者讲过自己的故事,谈过自己对经济、营商环境的看法。但是当我们计划将这些内容出版成书时,一些创业者打起了"退堂鼓"。我非常理解创业者们的顾虑,参与本次访谈对他们的"生意"并不会有太多益处,但他们却要为访谈花费大量的时间成本甚至风险。

虽然遇到一些困难,但有一股力量一直在推动我、激励我。做清联这几年,我接触了太多的创业者,我了解了太多他们的喜怒哀乐。我希望这些走在创业路上的实践者们的经验和体会能够被更多人看到,让更多人了解他们的理想和彷徨、快乐和痛苦、坚持和迷茫。感谢接受访谈的每一位创业者和政府工作人员,你们来自第一线的声音对于中国"双创"事业的发展有着极为重要的作用。没有你们无私的分享,就没有这本书。

另外一个动力源于我在经营清联时的体会。我发现对创业孵化器的期待,政府和运营者有两个不同的角度。从政府的角度看,政府希望孵化器能协助更多创业企业成长,以增加地方政府的税源。孵化器运营者(尤其是民营孵化器的运营者)则希望孵化器能良性运营,实现长期盈利。在现实中,政府和运营者两种期待既相辅也相背,如何达成两种期待的合作共赢恐怕是决定孵化器未来命运的重要因素。我希望此书的出版能让更多企业和机构都寻找到自身更好的位置，发挥自身的优势，促进中国经济更加繁荣。

回首创业清联的经历，有很多唏嘘感慨，更有满满的收获。清联的诞生首先应该感谢我的清华大学同学莫沛全，我一直称他为"清联之父"，是他2014年在东莞主导的模式创新，才成就了清联今日在天津的发展。感谢我的清华大学同学王庆喜、方铁、李久胜和中学同学陈维然、宗卫兵的支持。更应该感谢2020年底因病去世的中学同学张庆辉，他曾是一家村镇银行的行长，常年与民营企业打交道，对民营企业有很深的了解。在清联好几次重要的发展节点他都给予了重要的帮助，他若看到此书出版一定也是欣喜的。

感谢赵榕、朱学兵、安琳、王至扬、王晓萌、陈建春、郝志杰、刘晓亮在清联发展历程中做出的贡献。

感谢2015年时任天津滨海高新区工商局局长的王宗凯先生、负责高新区招商工作的张树森先生以及高新区税务局的黄振仓和高文元先生，是他们在面对制度创新时的担当与作为成就了清联，也成就了一种新的"双创"平台。

感谢清华大学天津校友会秘书长郝玉林先生在清联发展中给予的大力支持。

感谢清华大学校友小众书坊的张虹女士给我推荐了出版此书的天津人民出版社，此书编辑们的敬业与效率令我敬佩。

董磊在天津财经大学的S2团队成员就访谈和案例整理也做了大量的辅助工作。他们是2018级的陈香伶、陆晨超、农媛媛、孙一凡、德国致、韩骏杰、刘天庆、武祥卫；2019级的陈立宇、符云馨、李硕、李佳颖、刘禹繁、曲沼榛、史嘉颖、苏绘汀、孙鑫雨、王亦卓、张冰玉、周名驰、赵昌明；2020级的柴佳瑞、吴燕锋、张炜奇、石钊宁。希望这些年轻人，在今后也有人能走上创业之路。

　　从最初的创意变成文字再到印刷成册，《顺势——"双创"环境与企业运营分析与指南》已告一段落，但是清联的创业其实才刚刚开始。"双创"风暴对中国经济的影响已经开始显现，而我觉得更重要的是"双创"给优秀的中国青年人开辟了一条新的发展之路，在中国千年的"学而优则仕"的传统之外，让优秀的人才多了一种人生的选择。

　　更多选择才是幸福的真谛吧。

张翼

2021年8月于天津智慧山